ANTONINO MAGRÌ

ANALISI DELL'IMPATTO DELLA REGO-LAMENTAZIONE E METODOLOGIE DI VALUTAZIONE ECONOMICA

PROPRIETÀ INTELLETTUALE RISERVATA

Copyright 2007 – Antonino Magrì

© **Antonino Magrì**
Analisi dell'impatto della regolamentazione e metodologie di valutazione economica
Lulu Press Inc. – Catania 2016

ISBN 978-1-326-59371-1

Ristampa 0 1 2 3 4 5 6 7 8 9

I diritti di traduzione, memorizzazione elettronica e di adattamento totale o parziale, con qualsiasi mezzo, sono riservati in tutti i paesi.

All rights are reserved in every Country.

INDICE:

INTRODUZIONE 1

CAPITOLO I
L'ANALISI DELL'IMPATTO DELLA REGOLAMENTAZIONE 4
   1.1. NOZIONE E CARATTERI DISTINTIVI 4
   1.2. LE FASI 6
   1.2. LA COLLOCAZIONE TEMPORALE 9
   1.3. I VANTAGGI E LE PROBLEMATICHE APPLICATIVE 10

CAPITOLO II
IL MODELLO ITALIANO DI AIR 13
   2.1. L'INTRODUZIONE E LA PRIMA FASE DI
SPERIMENTAZIONE 13
   2.2. LA SECONDA DIRETTIVA AIR E LA SECONDA FASE DI
SPERIMENTAZIONE 16

CAPITOLO III
L'ANALISI COSTI-BENEFICI NELL'AMBITO DELL'AIR 22
   3.1. IL CONTESTO NORMATIVO DI RIFERIMENTO 22
   3.2. GLI EFFETTI DELLE POLITICHE REGOLATIVE 23
   3.3. L'ANALISI COSTI-BENEFICI 27
   3.4. L'ANALISI FINANZIARIA E L'ANALISI ECONOMICA................... 29
   3.5. LA VALUTAZIONE DEI COSTI E DEI BENEFICI: LA
DISPONIBILITA' A PAGARE E IL COSTO OPPORTUNITÀ 30
   3.6. IL PROBLEMA DELL'EQUITA' NELL'ACB 34
   3.7. LA VALUTAZIONE DEI BENI EXTRA-MERCATO 38
   3.8. LA VALUTAZIONE COMPARATA DEI COSTI E DEI BENEFICI
DELLE OPZIONI: VAN E TIR FINANZIARIO 44

CAPITOLO IV
LE ALTERNATIVE ALL'ANALISI COSTI-BENEFICI 53
    4.1. LE ALTERNATIVE ALL'ANALISI COSTI-BENEFICI 53
    4.2. L'ANALISI DEI COSTI DI CONFORMITÀ 54
    4.3. L'ANALISI COSTO-EFFICACIA 54
    4.4. L'ANALISI DEL RISCHIO 56
    4.6. L'ANALISI RISCHIO-RISCHIO 57

CONSIDERAZIONI CONCLUSIVE 58
BIBLIOGRAFIA 62
SITOGRAFIA 67

INTRODUZIONE

Nei paesi occidentali, il rapporto fra Stato e mercato ha registrato, durante l'ultimo ventennio, una profonda trasformazione con intensità molto differente nei diversi sistemi nazionali.

Infatti, sul finire degli anni '70, si è reso necessario un riesame radicale dei criteri e delle metodologie di intervento pubblico nell'economia.

A partire dalla rivoluzione keynesiana, lo Stato aveva assunto su di sé funzioni attive nel governo dei sistemi economici. Alla mano pubblica erano riconosciute importanti funzioni di stabilizzazione macroeconomica, di redistribuzione del reddito, di governo puntuale dei processi economici, attraverso una serie di strumenti diretti a correggere, integrare e guidare i processi produttivi.

In seguito alla seconda guerra mondiale l'intervento pubblico in economia si è arricchito gradualmente di una vasta gamma di strumenti: dalla politica di *deficit spending* alla programmazione economica e industriale, dalla gestione diretta delle imprese pubbliche alla creazione di strutture amministrative di erogazione universale di servizi pubblici e alla regolamentazione delle attività economiche per la correzione delle imperfezioni del mercato.

La crisi fiscale che si è manifestata sul finire degli anni sessanta e le crescenti difficoltà di governo dei sistemi di welfare, uniti al processo di trasformazione dei sistemi economici caratterizzati da tassi di innovazione molto elevati e dall'accentuarsi dei processi di integrazione europea e di globalizzazione dell'economia, hanno imposto una profonda rivisitazione del ruolo dello Stato nell' economia: anziché protagonista di interventi diretti, esso tende a diventare garante delle condizioni entro le quali operano le imprese[1]. Questa forma di intervento era già utilizzata in precedenza ma non aveva mai assunto la centralità politica e amministrativa raggiunta in questa fase. In altri termini, il declino dello "Stato gestore" ha riproposto con forza il ruolo dello "Stato regolatore". Tale passaggio implica, però, un radicale mutamento di approccio. Mentre lo stato gestore mirava a sostituirsi, almeno limitatamente ad alcuni aspetti, al sistema di libero mercato per evitare alcuni rischi in termini di andamento congiunturale, lo Stato regolatore presuppone l'accettazione dei meccanismi di mercato e mira più semplicemente a correggere le anomalie che potrebbero determinare risultati economicamente inefficienti.

Nell'ambito della più generale attività di normazione, la regolazione delle attività economiche (*regulation*) si caratterizza per la prevalente finalità specifica: la correzione delle imperfezioni dei processi spontanei di mercato che, risultando inefficienti, determinerebbero una perdita di benessere per la collettività[2]. Essa è una delle strutture basilari dei moderni sistemi di governance ponendosi come uno strumento giuridico che salda le astratte politiche pubbliche alle attività

---

[1] Cfr. E. PONTAROLLO, L. SOLIMENE, *"Regolamentazione e interferenze politiche: l'alibi della politica industriale"*, in *"L'industria"*, n° 2, 2006, p. 284.

[2] Secondo l'OCSE le regolamentazioni includono le leggi, i provvedimenti formali e informali e le norme delegate emesse da tutti i livelli governativi e da organismi non governativi o di auto-regolazione ai quali i governi hanno delegato poteri di regolazione. Esse si possono distinguere in tre categorie: regolamentazioni economiche, regolamentazioni sociali e regolamentazioni amministrative. Per un approfondimento sul tema si veda N. GRECO, *"Elementi definitori, problematici ed evolutivi"*, in *"Introduzione alla analisi di impatto della regolamentazione"*, Edizioni SSPA, Roma, 2003, p. 5; IDEM, *"Consistenza, articolazione e ambiguità della regolazione"*, in *"Studi parlamentari e di politica costituzionale"*, fasc. 145-146, 2004, p. 10.

quotidiane di cittadini e imprese, rendendo operative le decisioni politiche.

La crescita esponenziale del sistema regolativo registrata negli ultimi anni ha messo in luce nuove questioni, da prendere in esame nella gestione della politica regolativa: la qualità della regolazione e la sostenibilità dei costi di adempimento per le imprese. La qualità della regolazione è il criterio per discernere se un intervento normativo rappresenti la soluzione a uno specifico problema ovvero sia la fonte di ulteriori effetti negativi che determinerebbero il c.d. fallimento della regolazione (*regulatory failure*). In un caso del genere sarà economicamente più conveniente subire il fallimento del mercato piuttosto che intervenire attraverso la regolazione.

Dagli anni '80, molti paesi OCSE hanno avviato delle iniziative amministrative volte a migliorare la qualità e quindi le performance della regolazione, minimizzandone l'impatto negativo. Esse, pur distinguendosi per obiettivi e per la loro modalità di attuazione, si caratterizzano per l'ingente sforzo prodigato dalle amministrazioni pubbliche nello sviluppare nuove capacità che consentano agli esecutivi di svolgere in modo più razionale l'attività regolativa.

Il Consiglio Europeo di Lisbona (2000) ha fissato tra i suoi obiettivi strategici quello di fare dell'UE "l'economia basata sulla conoscenza più competitiva e dinamica del mondo, in grado di realizzare una crescita economica sostenibile con nuovi e migliori posti di lavoro e una maggiore coesione sociale"[3]. I successivi Consigli Europei, in

---

[3] Conclusioni della Presidenza, Consiglio Europeo straordinario di Lisbona, 23 e 24 marzo 2000.

particolare Stoccolma (2001) e Barcellona (2002)[4], a conferma del ruolo fondamentale che assume la regolazione nel favorire la crescita economica, hanno ribadito la centralità del contesto normativo per il raggiungimento di questi obiettivi e la necessità che il lavoro di miglioramento della regolazione riceva massima attenzione da parte delle istituzioni comunitarie e dei Governi. Infatti, nelle conclusioni del Consiglio di Stoccolma, al punto 23 si considera l'analisi di impatto della regolamentazione (AIR) come uno strumento fondamentale per una regolazione più chiara, semplice ed efficace[5].

Il presente lavoro, articolato in quattro capitoli, si pone l'obiettivo di esaminare il tema dell'analisi di impatto della regolamentazione focalizzando l'attenzione sulle metodologie di valutazione economica utilizzate nell'ambito della stessa.

Il primo capitolo si concentra sulla definizione del concetto di analisi di impatto della regolamentazione, sulle caratteristiche di tale strumento nonché sui vantaggi e sugli aspetti critici relativi alla sua implementazione. Nel secondo capitolo si affronta il tema dell'introduzione dell'AIR nel nostro ordinamento con particolare attenzione al contesto normativo di riferimento. Il terzo capitolo è dedicato al tema dell'applicazione dell'analisi costi-benefici nell'ambito dell'AIR, con particolare riferimento agli effetti delle politiche regolative e alle problematiche applicative di tale strumento di analisi. Infine, il quarto capitolo fornisce una sintetica esposizione dei principali metodi di valutazione economica alternativi all'analisi costi-benefici.

---

[4] Consiglio Europeo di Barcellona, 15 e 16 marzo 2002.
[5] Consiglio Europeo di Stoccolma, 23 e 24 marzo 2001.

CAPITOLO I

L'analisi dell'impatto della regolamentazione

1.1. NOZIONE E CARATTERI DISTINTIVI

Tra gli strumenti che ormai da diversi anni sono stati individuati allo scopo di assicurare una migliore qualità della regolamentazione, un posto centrale è occupato dall'analisi di impatto della regolamentazione (AIR), la quale, secondo un'opinione sempre più diffusa, costituisce lo strumento più efficace per rendere economicamente efficiente la regolamentazione delle attività economiche. Essa consiste in quel complesso di attività e di procedure finalizzate a verificare preventivamente l'opportunità di una regolamentazione e a valutarne gli effetti sulle attività dei cittadini e delle imprese, nonché sull'organizzazione e il funzionamento delle pubbliche amministrazioni coinvolte, in termini di vantaggi e svantaggi, di benefici e costi[6].

La dinamica dell'AIR è ben descritta dall'art. 2 della direttiva del Presidente del Consiglio dei Ministri 27 marzo 2000. Quale strumento tecnico-amministrativo, precisa il suddetto articolo, l'AIR accompagna la relazione illustrativa e la relazione tecnico-finanziaria degli schemi di atti legislativi e regolamentari da sottoporre all'esame e all'approvazione degli organi competenti.

---

[6] D. SICLARI, *"L'analisi di impatto della regolamentazione nel diritto pubblico: premesse introduttive"*, in *"Il foro italiano"*, n° 2, 2002, p. 46.

L'AIR si configura come uno strumento flessibile poiché il suo obiettivo, il modo in cui è progettata e il suo ruolo nel processo amministrativo differiscono in ragione del Paese e della specifica area della regolazione in cui viene adottata[7].

La realizzazione di un'appropriata procedura di AIR consente di individuare lo strumento giuridico migliore per conseguire un determinato risultato di politica legislativa, scegliendo la forma di regolamentazione più adatta al caso specifico.

L'AIR è dunque uno strumento essenziale a garantire il miglioramento della qualità della regolamentazione permettendo di evidenziare i vantaggi e gli svantaggi dei provvedimenti regolativi e indirizzando i decisori verso scelte più efficaci e maggiormente rispondenti alle esigenze dei cittadini. Essa si inserisce tra i principali metodi decisionali a supporto delle scelte politiche e, se utilizzata correttamente, contribuisce a ridurre il problema di "eccesso della regolamentazione" e a semplificare l'assetto normativo fornendo un ausilio oggettivo e documentato alle decisioni.

L'AIR può essere utilizzata non soltanto con riguardo alle misure di regolazione in senso stretto, ma anche a quelle di regolazione incentivante che prevedono premi e sanzioni monetarie, rispettivamente, in favore e a carico dei destinatari.

---

[7] S. JACOBS, *"An overview of regulatory impact analysis in* OECD *countries"*, in "OECD *Regulatory Impact Analysis: Best Practices in OECD Countries"*, Pubblicazioni OCSE, Parigi, 1997, p. 1.

In generale, i metodi a disposizione del "policy maker" per acquisire informazioni ed elementi di valutazione volti a orientare i propri interventi di regolamentazione possono essere classificati in alcune principali categorie[8]:

- ✓ Il ricorso a esperti o professionisti del settore interessato dall'intervento di regolamentazione;
- ✓ Il livello di consenso, quando sono coinvolti nel processo decisionale tutti i principali soggetti portatori di interessi (*stakeholders*), per giungere a una posizione condivisa che bilanci i rispettivi interessi;
- ✓ Il ricorso al "*benchmarking*", ossia il riferimento a modelli già esistenti di regolazione a livello internazionale che hanno già dimostrato la propria efficacia;
- ✓ Il consenso politico, quando la decisione è raggiunta da gruppi di potere a livello politico che hanno particolare interesse per la materia oggetto di regolazione;
- ✓ I metodi empirici, basati su dati, stime e analisi redatte secondo criteri stabiliti o fondati sull'evidenza empirica.

Tali metodi non si escludono a vicenda bensì presentano importanti complementarietà. Le scelte circa l'utilizzo dei diversi metodi e la loro combinazione ottimale possono variare secondo la cultura e la struttura politica e amministrativa dei singoli Paesi. L'AIR, preveden-

---

[8] Cfr. S. JACOBS, *"An overview of regulatory impact analysis in OECD countries"*, op. cit., p. 3.

do come elemento caratterizzante, la valutazione economica e quantitativa dell'impatto della regolamentazione, basata su dati oggettivi e metodologie precise, rientra tra i metodi empirici di supporto alle decisioni. Tuttavia essa può interagire e dare un importante contributo a tutti gli altri metodi decisionali.

L'AIR non mira a predeterminare la scelta regolativa da adottare, in quanto offre soltanto un supporto informativo all'autorità procedente, ponendola in condizione di decidere in modo più obiettivo; in tal senso, essa, non solo non dovrebbe surrogare le decisioni politiche democratiche con meccanismi tecnocratici, ma, aumentando la consapevolezza di chi decide in merito agli effetti di ciascuna opzione regolatoria, rappresenta un importante fattore di miglioramento della loro qualità[9].

1.2. LE FASI

Nell'esperienza internazionale, nell'ambito della definizione di AIR, sono comprese procedure che presentano caratteristiche piuttosto diverse fra loro, sia dal punto di vista dell'ambito di intervento sia da quello della metodologia utilizzata, del grado di coinvolgimento degli *stakeholders* e dell'obiettivo finale del legislatore o del regolatore. Possiamo, però, ravvisare alcune tipicità che accomunano le esperienze internazionali[10]. Una proce-

---

[9] Cfr. D. SICLARI, *"L'analisi di impatto della regolamentazione nel diritto pubblico: premesse introduttive"*, op. cit., p. 46.
[10] A. RENDA, *"Qualcosa di nuovo nell'AIR? Riflessioni al margine del dibattito internazionale sulla better regulation"*, in *"L'industria"*, n° 2, 2006, p. 333. Per un approfondimento sul tema si vedano anche C. RADAELLI (a cura di) *"L'analisi di impatto della regolazione in prospettiva comparata"*, Rubbettino Editore, Soveria Mannelli (CZ), 2001; F. BARAZ-

dura di AIR si compone delle seguenti fasi:

- ✓ Una fase di analisi dello status quo nella regolamentazione di una determinata materia, con la relativa individuazione delle esigenze che l'attuale assetto normativo o regolamentare non riesce a soddisfare a pieno.
- ✓ Una fase di identificazione delle opzioni alternative a disposizione del legislatore o dell'autorità, che include obbligatoriamente la c.d. "opzione zero" corrispondente alla scelta di non modificare lo status quo in quanto non sempre una nuova regola migliora la situazione[11]. Le opzioni astrattamente considerabili possono essere infinite ma politicamente impraticabili sia perché troppo tecniche, sia perché possono presentare costi eccessivamente elevati. Bisogna, quindi, considerare esclusivamente le opzioni regolative rilevanti, quelle cioè per le quali vale la pena ragionare, e che sono classificabili in: opzione zero, opzione di deregolamentazione o semplificazione (la quale valuta la possibilità di soppressione, snellimento o ristrutturazione di provvedimenti già esistenti con l'obiettivo di rendere meno costose le attività dei cittadini e delle imprese), opzioni volontarie (che mirano a ottenere la modificazione di condotta desiderata senza l'uso di strumenti coercitivi e senza prevedere sanzioni), opzioni di autoregolazione (basate anch'esse sulla volontarietà ma con la previsione della possibilità sanzionatoria), opzioni di incentivo o di "quasi-mercato" (per le quali alla

---

ZONI, A. LA ROSA, V. DE MAGISTRIS (a cura di), *"L'Analisi di impatto della regolamentazione in dieci paesi dell'Unione Europea"*, Quaderni Formez, Roma, n° 32, 2005.

[11] L'opzione zero non va quindi confusa con l'opzione di deregolamentazione o azzeramento della regolamentazione.

condotta da modificare corrisponde un prezzo, che è pagato almeno in parte da un'autorità pubblica ovvero dal privato), opzioni di regolamentazione tramite l'obbligo di informazione (quando si è in presenza di un'asimmetria informativa fra i soggetti che erogano un bene o un servizio rispetto agli utenti, l'obbligo di rendere palesi certe informazioni rilevanti è un'alternativa alla fissazione di regole), opzioni di regolamentazione diretta (valutano alcuni comportamenti, requisiti, risultati, sanzionandoli in caso di violazione in modo da dissuadere i potenziali violatori a tenere quei comportamenti), opzioni miste (provvedimenti regolativi che fanno ricorso a più strumenti regolativi)[12].

✓ Una fase di consultazione che coinvolge i principali destinatari diretti dell'atto normativo o amministrativo in esame allo scopo di verificare empiricamente che la regolazione sia adeguata da un punto di vista tecnico ed efficace nella pratica. L'utilizzazione della consultazione nell'AIR richiede un approfondimento di tre principali questioni: quando effettuare le consultazioni, a chi rivolgerle e quali tecniche utilizzare. Le principali forme di consultazione utilizzate sono le inchieste campionarie, i "grandi" panels, i "piccoli" panels, le interviste

---

[12] A. LA SPINA, *"Schede esplicative illustrate dal prof. La Spina"*, allegati a *"Componenti e iter dell'AIR"*, in *"L'analisi di impatto della regolazione nel processo legislativo"*, Seminario di aggiornamento professionale, Senato della repubblica, Roma, settembre 2001, pp. 87-90, in http://web2003.senato.it; N. RANGONE, *"Regolazione, regolamentazione, impatto ed analisi"*, in N. GRECO (a cura di) *"Introduzione alla analisi di impatto della regolamentazione"*, Edizioni SSPA, Roma, 2003, pp. 17-22.

semi-strutturate, i focus group, la pubblicazione di consultation paper su internet, le audizioni pubbliche e i gruppi consultivi stabili[13];

✓ Una fase di acquisizione delle informazioni finalizzata a una valutazione preliminare dei costi e dei benefici corrispondenti alle varie alternative prescelte, che si conclude con l'individuazione dell'opzione preferita. Bisognerà, dapprima, valutare la possibilità di perseguire l'obiettivo pubblico attraverso strumenti diversi rispetto alla regolazione ex ante. In seguito, se l'opzione zero non è praticabile, si analizzano le forme di regolazione ex ante meno invasive per le libertà individuali, economiche e collettive. In questo senso, gli interventi pubblici a carattere conformativo vanno preferiti a quelli a carattere ablatorio. Analogamente, le ablazioni patrimoniali sono preferibili rispetto a quelle personali. Nei confronti delle imprese, in via di principio, l'imposizione di misure comportamentali dovrebbe essere preferita rispetto alla più pervasiva prescrizione di misure strutturali[14];

---

[13] Per un approfondimento sul tema della consultazione si vedano S. CAVATORTO (a cura di), *"La consultazione nell'analisi dell'impatto della regolazione"*, Rubbettino Editore, Soveria Mannelli (CZ), 2001; S. CAVATORTO, A. LA SPINA, *"Metodi di consultazione nell'Air"*, in *"Rivista trimestrale di Scienza dell'Amministrazione"*, n° 1, 2002; C. SILVESTRO, *"Leggi di semplificazione e nuove forme di consultazione nei processi di regolazione"*, in *"Rivista trimestrale di Scienza dell'Amministrazione"*, n° 1, 2002.

[14] D. IELO, *"L'Analisi di impatto della regolazione"*, in *"Amministrare"*, n° 2, 2005, pp. 308-309.

✓ Una fase di redazione di una scheda di AIR preliminare da parte dell'amministrazione proponente, che è sottoposta al controllo di un organo di emanazione governativa o parlamentare;
✓ Se la scheda di AIR risulta correttamente ed esaurientemente redatta, una fase di AIR definitiva, che normalmente comporta il computo dei costi e dei benefici concernenti l'implementazione dell'opzione regolatoria prescelta in fase di AIR preliminare;
✓ La comunicazione della scheda di AIR alle amministrazioni che dovranno predisporre la stesura del provvedimento in questione (*drafting*).

1.3. LA COLLOCAZIONE TEMPORALE

L'opportunità di collocare l'AIR nella fase di progettazione dello schema del provvedimento è evidente. Infatti, in tal caso, la capacità di orientamento di tale strumento è massima, non solo perché consente di verificare la convenienza a introdurre una certa regolazione ma anche perché può servire a meglio calibrare l'approccio più corretto dell'intervento. Quando il provvedimento è ormai in discussione nelle sedi politiche collegiali competenti a deliberare, può essere troppo tardi per svolgere un'analisi rigorosa, perché le posizioni favorevoli o contrarie possono ormai essere nettamente delineate e in qualche modo pregiudicate, mentre l'AIR dovrebbe innanzitutto fornire elementi conoscitivi essenziali proprio ai fini della formazione di tali posizioni[15].

Tuttavia, collocare l'AIR unicamente nella fase iniziale di implementazione della politica, non è sufficiente perché in questa fase il grado di incertezza appare massimo: i dati del problema spesso non sono del tutto noti, l'adattamento dei comportamenti dei soggetti interessati all'introduzione di nuove regole può essere stimato solo presuntivamente e non è chiaro il grado di aderenza che sarà assicurato alle regole medesime. Sottoporre sistematicamente la normazione vigente a un controllo successivo consente di vederne l'impatto effettivo offrendo, così, un parametro di confronto e verifica dell'AIR[16].

Occorre poi considerare, come uno dei problemi principali della riforma regolatoria è costituito dall'obsolescenza delle regolazioni che rimangono in vigore nonostante il venir meno delle ragioni che ne avevano giustificato l'adozione. Per questi motivi, appare essenziale che il sistema di AIR sia applicato anche alle regolazioni già in vigore da sottoporre periodicamente a riesame. Ciò può consentire, da un lato di verificare la correttezza delle previsioni iniziali circa l'ammontare complessivo dei costi e benefici e dall'altro di controllare l'evoluzione nel tempo di tali valori vagliando l'opportunità di introdurre modificazioni o di eliminare del tutto la regolazione.

---

[15] F. BASSANINI, S. PAPARO, G. TIBERI, *"Qualità della regolazione: una risorsa per competere. Metodologie, tecniche e strumenti per la semplificazione burocratica e la qualità della regolazione"*, in L. TORCHIA e F. BASSANINI (a cura di) *"Sviluppo e declino. Il ruolo delle istituzioni per la competitività del paese"*, Passigli Editore, Firenze, 2005.

[16] A. FRANCESCONI, *"Drafting, analisi di fattibilità, Air: verso la riforma della regolazione"*, in *"Rivista trimestrale di Scienza dell'Amministrqazione"*, n° 4, 2000, p. 92.

1.4. I VANTAGGI E LE PROBLEMATICHE APPLICATIVE

L'adozione dell'analisi di impatto della regolamentazione presenta molti potenziali vantaggi. Essa permette:

- ✓ Di giudicare se un intervento di regolazione è veramente necessario e di minimizzare il fenomeno della proliferazione di provvedimenti di scarsa utilità che appesantiscono e complicano il quadro normativo in cui i soggetti sono chiamati a operare. Talvolta, infatti, si può correre il rischio di un eccesso di regolazione, con norme troppo numerose, inutilmente dettagliate, invadenti e restrittive della libertà di azione.
- ✓ Di orientare il regolatore verso soluzioni normative meno gravose per i destinatari.
- ✓ Di ottenere tutte le informazioni necessarie a valutare in maniera oggettiva tutti i costi e benefici delle opzioni rilevanti. In tal senso è fondamentale il ruolo svolto dalla consultazione che permette di rilevare tutti gli interessi dei soggetti cui è destinato il provvedimento o che ne sono in ogni modo coinvolti. Inoltre, le proposte di regolamentazione sono costruite e costantemente migliorate, grazie al contestuale ricorso a forme di consultazione dei soggetti su cui potrà incidere la regolamentazione.
- ✓ Di evidenziare e spalleggiare i benefici netti oggettivi per la collettività di decisioni politiche apparentemente "impopolari" o di progetti i cui benefici si realizzeranno oltre l'orizzonte

temporale del "policy maker", incoraggiando iniziative regolamentari che potrebbero essere nettamente preferibili alle alternative ma che non sarebbero implementate perché non sostenute da adeguati incentivi politici. L'accettabilità della regolamentazione proposta e degli obiettivi che intende realizzare, è favorita anche dalla preventiva conoscenza che i cittadini e le imprese hanno avuto grazie all'AIR e alla consultazione.

✓ Di assicurare piena trasparenza all'attività di progettazione regolativa in quanto la razionalità e l'adeguatezza della soluzione adottata può essere verificata dalle relazioni di accompagnamento della proposta. In questo senso l'AIR permette ai cittadini di giudicare come sono stati tenuti in considerazione i diversi interessi coinvolti e consente di analizzare l'intero processo decisionale pubblico[17].

D'altra parte, sono molti anche le criticità connesse all'implementazione dell'analisi di impatto della regolamentazione:

✓ Le risorse necessarie, sia in termini di tempo e risorse umane, sia in termini di inefficienza e maggiore regolazione nel breve termine, sono ingenti. Uno dei punti più discussi è che bisognerebbe "fare un'AIR dell'AIR", cioè "vale la pena fare l'AIR ?".

✓ Nella maggior parte dei casi l'amministrazione è chiamata a redigere un provvedimento che riflette una precisa volontà

---

[17] S. ANGHINELLI, *"Semplificazione e analisi di impatto della regolamentazione: lo stato dell'arte"*, Progetto Semplificazione, Assolombarda, 2006.

del "policy-maker" ed è già delineato nelle modalità e nei contenuti da precise indicazioni politiche. In questi casi, l'AIR potrebbe essere semplicemente volta a giustificare quello che il politico ha comunque già deciso di fare. E' quindi assolutamente necessario partire da un ventaglio di opzioni alternative e che il sistema di AIR sia assistito da criteri procedurali e metodologici in grado di garantire la massima affidabilità interna e una piena attendibilità verso l'esterno.

- ✓ Il soggetto politico o le "lobbies" potrebbero non essere interessati o addirittura voler evitare la diffusione delle informazioni sui costi e benefici di un provvedimento o sui trade-off di scelte alternative che emergerebbe dall'AIR.
- ✓ La valutazione economica della regolazione dipende dal grado in cui i destinatari si conformeranno effettivamente alle disposizioni regolative. La difficoltà di prevederne l'osservanza e l'adeguamento rende estremamente difficile quantificare i costi e i benefici dell'intervento regolativo.
- ✓ Una valutazione economica del comportamento della pubblica amministrazione esige un meccanismo burocratico di controllo che può rappresentare un costo per la collettività ed essere un vincolo all'azione di governo. In particolare, l'analisi costi-benefici, di cui si avvale spesso l'AIR, è stata accusata di frenare l'attività regolativa invece di migliorarne la qualità.
- ✓ Vi è il pericolo che l'AIR possa divenire uno strumento sostitutivo della decisione politica. L'AIR è stata accusata di rafforzare il trend tecnocratico che caratterizza molti esecutivi dei paesi occidentali. Alcuni scienziati politici radicali come

John Drysek sostengono che l'AIR non è democratica perché legittima l'idea che la formazione delle politiche pubbliche sia un ambito di esclusiva competenza di esperti e tecnici, dove il vasto pubblico e i funzionari pubblici sono esclusi. In effetti, l'AIR fallisce quando è trattata come una questione riservata a specialisti e tecnici. Invece, "la corretta effettuazione dell'AIR non precostituisce la scelta regolativa. Piuttosto essa mette il soggetto responsabile nella condizione di decidere in modo più informato, prendendo atto di alcuni fondamentali dati e stime sull'impatto probabile. A tali condizioni, non solo l'AIR non si sostituisce alle decisioni, ma rappresenta un importante fattore di miglioramento della qualità"[18].

---

[18] NUCLEO PER LA SEMPLIFICAZIONE, DAGL, *"Guida alla sperimentazione dell'analisi dell'impatto della regolazione"*, Circolare 16 gennaio 2001, n° 1, p. 4.

CAPITOLO II

Il modello italiano di AIR

2.1. L'INTRODUZIONE E LA PRIMA FASE DI SPERIMENTAZIONE

L'art. 20 della legge Bassanini[19] ha previsto, con periodicità annuale, la presentazione da parte del Governo di un disegno di legge per la delegificazione e la semplificazione dei provvedimenti amministrativi. Nell'elenco dei criteri e dei principi cui si devono conformare i regolamenti, è ravvisabile la timida introduzione della tecnica dell'analisi costi-benefici (ACB) per la valutazione dei procedimenti amministrativi. Infatti, la lettera g-ter co. 5° dell'art. 20 prevede la "soppressione dei procedimenti che comportino, per l'amministrazione e per i cittadini, costi più elevati dei benefici conseguibili, anche attraverso la sostituzione dell'attività amministrativa diretta con forme di autoregolamentazione da parte degli interessati".

In attuazione dell'art. 20 di codesta legge, in data 8 marzo 1999, è stata approvata la prima legge annuale di semplificazione, ossia la legge n° 50/1999 (c.d. Bassanini-quater). Con l'art. 3 di tale legge è stato istituito il Nucleo per la semplificazione delle norme e delle procedure[20] presso la Presidenza del Consiglio dei Ministri, nonostante siano

---

[19] L. n° 59\1997, *"Delega al Governo per il conferimento di funzioni e compiti alle regioni ed enti locali, per la riforma della Pubblica Amministrazione e per la semplificazione amministrativa"*, in gazzetta ufficiale 17 marzo 1997, n° 63.
[20] Il Nucleo per la semplificazione delle norme e delle procedure è composto da 25 esperti nominati con le modalità di cui all'art. 31 della legge 23 agosto 1988, n° 400

scarne le indicazioni rispetto alle sue funzioni. Dal testo normativo, sembrerebbe desumersi che il Nucleo dovrà eseguire degli studi sull'impatto delle norme servendosi dell'analisi economica e dell'ACB. Infatti, l'interpretazione contraria farebbe sorgere fondati dubbi sulla razionalità della norma.

Dopo le numerose sollecitazioni dell'OCSE[21] e dell'Unione Europea[22] con le quali si invitavano gli Stati membri ad adottare sistemi di valutazione delle regolazioni, al fine di diminuire i costi di adeguamento a carico dei cittadini e delle imprese, con l'art. 5 della legge n° 50 del 1999, si è introdotta in Italia l'analisi di impatto della regolamentazione, seppure solo in via sperimentale. Questa norma, puntualizzando che l'AIR deve riguardare sia l'impatto sull'organizzazione delle amministrazioni pubbliche che quello sull'attività dei cittadini e delle imprese, stabilisce che essa sia condotta con riferimento "agli

---

e scelti fra soggetti, dotati di elevata professionalità nei settori della redazione di testi normativi, dell'analisi economica, della valutazione di impatto delle norme, dell'analisi costi-benefici, del diritto comunitario, del diritto pubblico comparato, dell'analisi delle politiche pubbliche, dell'analisi organizzativa, etc.

[21] In particolare si vedano la raccomandazione ai Paesi membri, adottata dall'OCSE il 9 marzo 1995, sul miglioramento della qualità della formazione pubblica, il rapporto OCSE del 27 maggio 1997 sulla riforma della regolazione e il rapporto OCSE sulla riforma della regolazione in Italia del marzo 2001.

[22] Si ricordi in primo luogo la raccomandazione della Commissione del 22 aprile 1997 con la quale è stata chiesta agli Stati membri una maggiore consapevolezza degli effetti della regolamentazione dell'attività economica, attraverso una valutazione dei costi di ottemperanza delle norme sulle imprese destinatarie. Si ricordi inoltre la pubblicazione della Commissione "Legiferare meglio" del 1995, poi annualmente aggiornata.

schemi di atti normativi adottati dal governo e di regolamenti ministeriali o interministeriali"[23]. Le regole per la sperimentazione sono state in seguito dettate da due direttive.

La prima direttiva del Presidente del Consiglio dei Ministri, del 27 marzo 2000[24], definisce i tempi e le modalità di effettuazione dell'analisi tecnico-normativa (A.T.N.)[25] e dell'analisi di impatto della regolamentazione (A.I.R.). Quest'ultima è definita come "uno strumento per stabilire la necessità di un intervento di regolamentazione e per scegliere quello più efficace".

Il contenuto dell'AIR è individuato dall'art. 3 della suddetta direttiva come "descrizione degli obiettivi del provvedimento di regolazione, la cui eventuale adozione è in discussione e nelle opzioni alternative, nonché la valutazione dei benefici e dei costi derivanti dalla misura regolatoria". La direttiva stabilisce che, "nella concreta realizzazione dell'AIR", le amministrazioni osservino le istruzioni contenute in un'apposita "guida". Quest'ultima è stata redatta dalla Presidenza del

---

[23] Le commissioni parlamentari competenti possono anche richiedere una relazione contenente l'AIR per gli schemi di atti normativi e progetti di legge sottoposti al loro esame, ai fini dello svolgimento dell'istruttoria legislativa.

[24] DPCM, 27 marzo 2000, *"Analisi tecnico-normativa e analisi dell'impatto della regolamentazione"*, in gazzetta ufficiale 23 maggio 2000, n° 118.

[25] L'analisi tecnico-normativa si pone l'obiettivo di verificare l'incidenza della normativa proposta sull'ordinamento giuridico vigente, informando della sua conformità alla Costituzione e alla disciplina comunitaria nonché dei profili attinenti al rispetto delle competenze delle regioni e delle autonomie locali e ai precedenti provvedimenti di delegificazione.

Consiglio dei Ministri nel dicembre 2000[26] ed è stata adoperata come documento di riferimento durante lo svolgimento della sperimentazione. La struttura del processo di AIR si articola in due fasi: una fase preliminare in cui è redatta una scheda nella quale si dimostra che l'intervento proposto è la soluzione migliore rispetto ad altre opzioni individuate e una fase finale in cui è redatta un'ulteriore scheda dove si evidenziano in forma più estesa, rispetto alla scheda preliminare, gli effetti diretti e indiretti della proposta sui cittadini, sulle imprese e sul funzionamento e l'organizzazione delle pubbliche amministrazioni[27].

Con la prima direttiva, il legislatore ha previsto una prima fase sperimentale, della durata di un anno, rivolta alle amministrazioni centrali. Si è così voluto introdurre l'AIR in maniera graduale, consentendo alle amministrazioni sia di affinare le metodologie già in uso in altri paesi, conformandole al contesto istituzionale italiano, sia di creare le condizioni necessarie per una sua successiva messa a regime[28].

Il primo passo operativo di avvio della fase sperimentale è stato la predisposizione della "guida alla sperimentazione dell'analisi di im-

---

[26] Emessa il 16 gennaio 2001 e pubblicata in gazzetta ufficiale 7 marzo 2001, n° 55.

[27] Le amministrazioni proponenti inviano la scheda AIR preliminare al DAGL nella fase di predisposizione dell'intervento normativo e la scheda AIR finale al Nucleo per la semplificazione delle norme e delle procedure, per l'iscrizione alla discussione del Consiglio dei Ministri. Per un approfondimento sul contenuto delle schede si veda A. LA SPINA, intervento al convegno *"La valutazione dell'impatto della regolazione e lo strumento della consultazione"*, Forum Pubblica Amministrazione, Roma, 2000, p. 2 ss., in www.forumpa.it.

[28] E. MORFUNI, *"L'introduzione dell'Air in Italia: la prima fase di sperimentazione"*, in *"Giornale di diritto amministrativo"*, n° 7, 2002, p. 730.

patto della regolamentazione" concepita come uno strumento di supporto, che accompagni l'utilizzatore passo dopo passo, proponendo un percorso logico e procedurale lungo cui l'AIR si deve sviluppare e fornendo indicazioni metodologiche e schemi concettuali[29]. Inoltre, presso il DAGL[30] è stata costituita una struttura, detta "Help Desk"[31], con funzioni di supporto tecnico operativo nei confronti delle amministrazioni impegnate nella sperimentazione. La struttura, operativa da marzo 2001, ha lavorato essenzialmente su tre fronti: sperimentazione delle metodologie di AIR su alcuni casi concreti detti "casi-pilota"; realizzazione di interventi formativi nei confronti del personale che, nelle amministrazioni, dovrebbe occuparsi di AIR; utilizzazione di più canali di comunicazione per favorire la diffusione all'esterno dell'attività e dei risultati della sperimentazione.

I casi-pilota, sottoposti alla sperimentazione e all'elaborazione delle schede AIR, sono stati cinque. Le sperimentazioni effettuate hanno "evidenziato un risparmio per la collettività in termini di tempo, risorse pubbliche e private, di complessità e quindi di lunghezza delle procedure pari a non meno del 70% rispetto all'esistente disci-

---

[29] Per un approfondimento sul tema si veda A. NATALINI, *"La sperimentazione dell'Air a livello statale"*, in *"Rivista di Scienza dell'Amministrazione"*, n° 4, 2000, p. 111.

[30] Dipartimento per gli Affari Giuridici e Legislativi della Presidenza del Consiglio dei Ministri.

[31] Lo Help Desk, coordinato da Alessandro Natalini, è composto da 21 esperti e funzionari del DAGL, del Nucleo per la semplificazione delle norme e delle procedure, del DAE (Dipartimento Affari Economici) e del DFP (Dipartimento Funzione Pubblica) progetto finalizzato AIR.

plina"³². Nel corso della sperimentazione per quasi tutti i casi è stato possibile stimare sul piano quantitativo le principali voci di costo e di beneficio anche se non si è mai giunti ad adottare un'analisi costi-benefici completa, sia per i vincoli derivanti dalla scarsezza di informazioni, sia perché la lettura dei dati disponibili già consentiva di individuare in maniera inequivocabile un'opzione dominante rispetto alle altre.

2.2. LA SECONDA DIRETTIVA AIR E LA SECONDA FASE SPERIMENTALE

A conclusione della prima fase di sperimentazione è stata adottata la seconda direttiva del Presidente del Consiglio dei Ministri³³, che ha come finalità quella di ridefinire e rendere efficace la sperimentazione, allargandola a "tutta l'attività normativa del Governo". Con tale direttiva si è dato avvio a una nuova fase di sperimentazione, condotta sia a livello regionale³⁴ sia nazionale e sono stati affrontati alcuni

---

³² E. MORFUNI, *"L'introduzione dell'Air in Italia: la prima fase di sperimentazione"*, op. cit., p. 731.

³³ DPCM, 21 settembre 2001, *"Sperimentazione dell'analisi di impatto della regolamentazione sui cittadini, imprese e pubbliche amministrazioni"*, in gazzetta ufficiale 25 ottobre 2001, n° 249.

³⁴ Per un approfondimento sul tema della sperimentazione regionale dell'AIR si vedano tra gli altri E. GRASSI, *"La sperimentazione AIR nella regione Toscana: esiti e prime valutazioni"*, in convegno *"qualità delle norme e analisi dell'impatto della regolazione"*, Forum Pubblica Amministrazione, Roma, 9 maggio 2002; G. MELI, P. SAROGLIA, *"La sperimentazione dell'analisi di impatto della regolamentazione nell'esperienza piemontese"*, Working paper, Laboratorio di politiche, Libreria stampatori, Torino, 2005; S. BONO,

aspetti problematici emersi durante la prima fase.

Innanzitutto, colmando quella che probabilmente era la principale lacuna che caratterizzava l'AIR fino alla seconda direttiva, si sono definite modalità di monitoraggio e di valutazione ex post della normazione (VIR). In secondo luogo è stata prevista una maggiore responsabilizzazione dei ministeri nella realizzazione dell'AIR attraverso la nomina di un referente presso ciascun ministero, responsabile dell'andamento e dei risultati della sperimentazione presso il proprio dicastero[35]. In terzo luogo l'attività di formazione, utile anche per favorire l'assimilazione politico-amministrativa dell'AIR, è stata svolta dalla Scuola Superiore della Pubblica Amministrazione nel corso del 2003. Infine, la nuova direttiva attribuisce la guida strategica della sperimentazione a un "comitato di indirizzo", presieduto dal Ministro per la funzione pubblica, e composto anche da membri del DAGL e del Nucleo, il quale ha il compito di individuare almeno venti provvedimenti da sottoporre a sperimentazione. In generale, ciò che caratterizza la nuova direttiva rispetto alla precedente è un approccio più graduale e cauto, frutto dell'esperienza solo in parte soddisfacente della sperimentazione precedente. Infatti, grande attenzione è dedicata, ad esempio, alle tematiche della formazione e dell'organizzazione in-

---

"*Forme e qualità della regolazione*", Giornata di studi, Bologna, 10 novembre 2004, in www.sspa.it.

[35] Cfr. S. CERILLI, S. DANIELE (a cura di), "*La sperimentazione AIR nella regione Toscana: esiti e valutazioni*", Giunta della regione Toscana, 2002, p. 4, in www.parlamentiregionali.it.

terna delle strutture ministeriali[36].

Successivamente all'emanazione della seconda direttiva, con la legge n° 132/2002 è stato soppresso il Nucleo per la semplificazione determinando un nuovo bizzarro assetto: da un lato, la delega per la semplificazione è stata attribuita a un "ufficio per la semplificazione" alle dirette dipendenze del Ministro per la funzione pubblica; d'altro canto, l'AIR è stata affidata alla competenza del DAGL, e dunque presso la Presidenza del Consiglio. In concreto, la determinazione degli equilibri tra le molteplici strutture coinvolte era ed è rimessa al "comitato di indirizzo"[37]. In questo modo si è creata una situazione di assoluto disordine istituzionale, nella quale emergono numerosi elementi di inefficienza organizzativa e procedurale. Innanzitutto, l'AIR è stata introdotta, senza prevedere soglie minime di obbligatorietà. In secondo luogo, il DAGL, diversamente dall'OIRA negli Stati Uniti, non ha né risorse e poteri sufficienti, né presenta una collocazione istituzionale adatta a svolgere i propri compiti. In terzo luogo, l'AIR ha perso la caratteristica "a due stadi" del modello inizialmente introdotto con la prima direttiva del 2000.

La nuova direttiva non precisa l'ambito di applicazione dell'AIR a "regime" né specifica le conseguenze nel caso in cui la scheda AIR

---

[36] Cfr. G. SAVINI, *"Tra uffici, referenti ed esperti"*, in N. GRECO (a cura di) *"Introduzione alla analisi di impatto della regolamentazione"*, Edizioni SSPA, Roma, 2003, p. 5; IDEM, *"L'analisi di impatto della regolamentazione nella nuova direttiva del presidente del consiglio dei ministri del 21 settembre 2001"*, in *"Amministrazione in cammino"*, 2002, p. 12, in www.amministrazioneincammino.it.

[37] Cfr. N. LUPO, *"Il commento alla nuova direttiva sull'Air: passi avanti o passi indietro?"*, in *"Giornale di diritto amministrativo"*, n° 1, 2002, p. 16.

sia giudicata non adeguata[38]. Inoltre, è mancato l'input politico, cioè la volontà di permeare le iniziative legislative di procedure di analisi di impatto, tese a migliorare il dialogo istituzionale e la trasparenza dei provvedimenti. Dal 2001 le poche AIR che sono state compiute non sono nemmeno pubblicamente disponibili, un dato che risulta in contraddizione con l'obiettivo di trasparenza che caratterizza tutti gli strumenti di *better regulation*[39].

Negli ultimi anni, tre nuove iniziative sembrano aver dato nuovo vigore all'AIR italiano. Innanzitutto, il PICO[40] contiene un riferimento alla necessità di mettere "a regime" l'AIR sebbene non precisi le modalità con cui raggiungere tale obiettivo. In secondo luogo, l'art. 14 della legge di semplificazione per il 2005[41], ponendo fine alla lunga fase di sperimentazione, disciplina nuovamente l'AIR con alcuni interessanti elementi di novità:

---

[38] Per un approfondimento si veda G. SAVINI, *"L'analisi di impatto della regolamentazione nella nuova direttiva del presidente del consiglio dei ministri del 21 settembre 2001"*, in *"Amministrazione in cammino"*, 2002, p. 13, in www.amministrazioneincammino.it.

[39] A. RENDA, *"Qualcosa di nuovo nell'AIR? Riflessioni al margine del dibattito internazionale sulla better regulation"*, op. cit., p. 357.

[40] Piano nazionale per l'Innovazione, la Crescita e l'Occupazione reso noto nell'ottobre del 2005.

[41] L. n° 246\2005. Per un approfondimento sulla legge di semplificazione si veda G. SAVINI, *"La l. 246\2005 – legge di semplificazione per il 2005: prime considerazioni"*, in *"Amministrazione in cammino"*, 19 dicembre 2005, pp. 13-16, in www.amministrazioneincammino.it.

A) Tutti gli schemi di atti normativi del governo sono sottoposti all'AIR, salvo esclusione esplicita, da attuarsi mediante decreto del Presidente del Consiglio;
B) Le amministrazioni comunicano al DAGL i dati e gli elementi informativi necessari per la presentazione al parlamento di una relazione annuale del Presidente del Consiglio dei Ministri sullo stato di applicazione dell'AIR;
C) Al DAGL è affidato il coordinamento delle amministrazioni in materia di AIR ex ante, ma anche di valutazione dell'impatto ex post (VIR);
D) Il DAGL può, su richiesta motivata dell'amministrazione proponente, consentire l'esenzione dall'AIR in modo meramente discrezionale[42].

Infine con il D. L. n° 4\2006 si è disposta la creazione di un nuovo "comitato interministeriale di indirizzo", con il compito di svolgere attività di guida, coordinamento e impulso per le politiche di semplificazione e di qualità della regolazione.

Allo stato attuale è difficile formulare commenti precisi sulle recenti iniziative attuate in Italia in materia di AIR. Da un lato sembra che l'istituzione del "comitato interministeriale di indirizzo" possa contribuire alla definizione di un quadro istituzionale più preciso per l'AIR, anche se sicuramente il suo ambito di intervento non si estende

---

[42] Per un approfondimento sul ruolo centrale svolto dal DAGL si veda M. DE BENEDETTO, *"L'organizzazione della funzione di regolazione"*, in *"Studi parlamentari e di politica costituzionale"*, fasc. 149\150, 2005, pp. 92-93.

alle autorità amministrative indipendenti. Infatti, in caso contrario si avrebbe ingerenza dell'esecutivo nei confronti di queste ultime. Inoltre, incerte sono le metodologie che saranno adottate per condurre le future AIR delle amministrazioni e non convince la scelta di attribuire piena discrezionalità, dapprima al DAGL e adesso al comitato, circa l'esenzione dall'obbligo di AIR di alcuni provvedimenti.

Sulla base delle esperienze internazionali e della sperimentazione effettuata in Italia in materia di AIR, è possibile formulare alcuni commenti e suggerimenti per il legislatore italiano[43]:

- ✓ L'AIR dovrebbe essere introdotta per gradi sia dal punto di vista metodologico, sia da quello dell'ambito di applicazione e sperimentata su un campione ristretto di provvedimenti di impatto economico molto significativo. L'introduzione dovrebbe avvenire dapprima a livello nazionale e poi su base regionale.

- ✓ L'introduzione dell'AIR richiede un adeguato programma formativo in quanto esige un cambiamento nel modo di progettare gli interventi normativi. In Italia, il "comitato di indirizzo" e le amministrazioni proponenti dovrebbero affidarsi

---

[43] Cfr. F. BASSANINI, S. PAPARO, G. TIBERI, *"Qualità della regolazione: una risorsa per competere. Metodologie, tecniche e strumenti per la semplificazione burocratica e la qualità della regolazione"*, in L. TORCHIA e F. BASSANINI (a cura di) *"Sviluppo e declino. Il ruolo delle istituzioni per la competitività del paese"*, op. cit., p. 31; A. RENDA, *"Qualcosa di nuovo nell'AIR? Riflessioni al margine del dibattito internazionale sulla better regulation"*, op. cit., pp. 359-360; F. BARAZZONI, A. LA ROSA, V. DE MAGISTRIS (a cura di), *"L'Analisi di impatto della regolamentazione in dieci paesi dell'Unione Europea"*, Quaderni Formez, op. cit.

dapprima a competenze esterne per poi gradualmente sviluppare al proprio interno le professionalità necessarie.
- ✓ L'AIR deve essere coordinata il più possibile con le iniziative di semplificazione amministrativa. Il processo di AIR richiede, infatti, di essere parte integrante di una strategia complessiva di miglioramento della regolazione. In tal senso essa necessita di un costante sostegno politico di alto livello che ne promuova l'implementazione e di un'adeguata strumentazione tecnico-operativa.
- ✓ E' necessario che l'AIR sia pubblicata insieme alla proposta di provvedimento e sottoposta a pubblica consultazione.
- ✓ L'ambito di applicazione dell'AIR non può essere totalizzante. Di fronte a regolazioni che presentano un impatto modesto sulle imprese o sui cittadini l'AIR, oltre a rivestire un interesse limitato, presenta anche maggiori margini di errore, poiché in presenza di valori molto bassi l'attendibilità delle stime si riduce. Ne consegue che, date le considerevoli risorse che l'applicazione di tale metodologia richiede, l'esclusione delle proposte di regolazione di minore importanza, attraverso l'introduzione di una soglia di obbligatorietà, è un elemento cardine della sostenibilità del sistema. Inoltre, è indispensabile che i casi di esenzione dall'analisi siano espressamente, analiticamente e preventivamente stabiliti[44].

---

[44] Cfr. A. FRANCESCONI, *"Drafting, analisi di fattibilità, Air: verso la riforma della regolazione"*, op. cit., p. 79. Molti dei paesi che utilizzano l'AIR ne limitano l'applicazione a determinate tipologie di intervento o prevedono dei criteri di selettività degli stessi

✓ La quantificazione dei costi e dei benefici è la chiave di volta della procedura di AIR in quanto essa è il vero elemento distintivo tra l'AIR e un semplice documento di accompagnamento della proposta di provvedimento[45]. Da qui nasce l'esigenza di utilizzare uno strumento il più possibile orientato a tale scopo. L'analisi costi-benefici si configura come la tecnica più esaustiva e affidabile in quanto è l'unica a permettere la rilevazione di tutti i possibili effetti positivi e negativi di una determinata proposta regolativa.

---

spesso basati sul loro prevedibile impatto economico. Ad esempio, negli USA, l'AIR si applica esclusivamente alle norme "significative", cioè a quegli interventi che presentano una o più caratteristiche, quali ad esempio provocare un effetto annuo sull'economia quantificabile in almeno 100 milioni di dollari o alternare l'impatto finanziario delle tariffe.

[45] Cfr. V. TERMINI, *"Il contesto della scienza economica"*, in N. GRECO (a cura di) *"Introduzione alla analisi di impatto della regolamentazione"*, Edizioni SSPA, Roma, 2003, p. 6; A. RENDA, *"Qualcosa di nuovo nell'AIR? Riflessioni al margine del dibattito internazionale sulla better regulation"*, op. cit., p. 359.

CAPITOLO III

L'analisi costi-benefici nell'ambito dell'AIR

3.1. IL CONTESTO NORMATIVO DI RIFERIMENTO

La direttiva 27 marzo del 2000[46], richiede la verifica ex ante dell'opportunità di un intervento regolativo, attraverso la valutazione dei vantaggi e degli svantaggi per la pubblica amministrazione, i cittadini e le imprese.

Si pone quindi l'esigenza di individuare una metodologia economica idonea alla valutazione dell'impatto delle norme in via di elaborazione, allo scopo di fornire un ausilio al decisore pubblico nella scelta dell'opzione di intervento preferita. Il nostro legislatore, infatti, richiede una "stima degli effetti …. sulle varie categorie di soggetti interessati" e "l'individuazione delle categorie di costi e benefici" senza fare riferimento a una specifica tecnica di valutazione. Ciò nonostante, per la concreta realizzazione dell'analisi di impatto della regolamentazione, esso rinvia alla "guida alla sperimentazione dell'AIR", la quale afferma che "l'amministrazione farà ricorso alla metodologia dell'analisi costi-benefici" e, coerentemente con tale definizione farà anche riferimento ai concetti di costo-opportunità e di disponibilità a

---

[46] DPCM, 27 marzo 2000, *"Analisi tecnico-normativa e analisi dell'impatto della regolamentazione"*, in gazzetta ufficiale 23 maggio 2000, n° 118.

pagare quali criteri guida per la stima, rispettivamente, dei costi e dei benefici.

L'adozione di tecniche alternative[47] all'ACB è ammessa soltanto in via sussidiaria quando il suo utilizzo risulta impossibile o inopportuno.

3.2. GLI EFFETTI DELLE POLITICHE REGOLATIVE

Gli effetti delle politiche regolative possono essere distinti sulla base di varie classificazioni:

- ✓ Una distinzione fra i costi e i benefici che si verificano una tantum, generalmente subito dopo l'introduzione di una nuova regolazione, da quelli che si realizzano sistematicamente[48];
- ✓ Una seconda classificazione che distingue tra "costi diretti" e "costi indiretti" secondo la tipologia di destinatari dell'intervento. Infatti, se da un lato l'AIR si concentra unicamente sui benefici direttamente derivanti dall'introduzione di regole, dall'altro cerca di valutare sia i costi diretti sia quelli indiretti, poiché uno dei principali problemi dei sistemi regolatori è proprio la rilevante produzione di costi occulti, come conseguenza non intenzionale delle singole regulations adottate. Nei costi diretti sono computati sia i costi amministrativi, de-

---

[47] Tra le tecniche alternative all'analisi costi-benefici la guida alla sperimentazione cita l'analisi costo-efficacia (ACE), l'analisi di rischio, l'analisi rischio-rischio, l'analisi dei costi (AC) e l'analisi dei benefici (AB).

[48] Cfr. F. SARPI, *"L'applicazione dell'analisi costi-benefici nell'Air"*, in *"Rivista trimestrale di Scienza dell'Amministrazione"*, n° 1, 2002, p. 90.

rivanti dall'attuazione della regolamentazione da parte delle strutture burocratiche proposte, sia i "compliance costs", cioè i costi che le imprese e i cittadini devono sopportare per adeguarsi alle nuove prescrizioni. Tra i costi indiretti figurano innanzitutto i costi-opportunità, poiché i soggetti tenuti a un certo comportamento impiegano un certo ammontare di risorse, che avrebbero potuto utilizzare in altro modo, producendo un certo reddito, il cui venir meno costituisce un costo-opportunità. Di notevole importanza sono anche gli effetti che la regolamentazione può avere sulla produttività e sull'andamento macroeconomico. Numerosi studi hanno, infatti, accertato come sistemi di regolazione eccessivamente rigidi e invadenti producano conseguenze negative sui tassi di crescita del sistema economico[49];

- ✓ Una terza classificazione che riguarda la tipologia dei costi e benefici considerati, distingue tra: costi e benefici quantificati e monetizzati, costi e benefici quantificati ma non monetizzati e, infine, costi e benefici che è possibile solo qualificare e che sono dunque privi di una quantificazione non solo monetaria, ma anche fisica;
- ✓ Una quarta distinzione basata sul grado di coinvolgimento dei soggetti fra "costi deliberati" e "costi collaterali". Questa distinzione opera all'interno della categoria dei costi diretti. I primi sono i costi espressamente individuati in fase di pro-

---

[49] R. PERNA, *"L'analisi economica della regolamentazione"*, in *"Mercato concorrenza regole"*, n° 1, 2003, p. 79.

grammazione e che ricadono sui destinatari diretti. I secondi sono, invece, quelli che l'atto determina sui destinatari diretti, ma che non sono stati espressamente considerati in sede di elaborazione del provvedimento[50]. In maniera analoga, anche i benefici possono distinguersi in deliberati e collaterali a seconda che siano espressamente individuati in fase di programmazione o meno. Una delle finalità dell'AIR è certamente quella di far emergere i costi diretti collaterali, soprattutto attraverso l'attività di consultazione. Essa può servire ad escludere costi diretti non necessari, oppure a dimostrare come certi costi, non individuati in un primo momento, siano in realtà necessari, trasformandosi così in costi deliberati. Un'AIR ben condotta dovrebbe produrre una proposta di intervento in cui, a posteriori, i costi e i benefici collaterali siano tendenti a zero[51].

I costi di adeguamento per i destinatari sono da intendersi come costi al netto di eventuali riduzioni o azzeramenti di costi inerenti derivanti dalla normativa previgente. Occorre poi considerare che in alcuni casi l'adeguamento può anche comportare dei benefici, ad esempio in termini di risparmi (sul personale, sull'energia, sulle materie prime), i quali devono essere debitamente stimati e sottratti dal costo totale di conformità. Il costo netto di conformità deve poi essere mol-

---

[50] Cfr. NUCLEO PER LA SEMPLIFICAZIONE, DAGL, *"Guida alla sperimentazione dell'analisi dell'impatto della regolazione"*, Circolare 16 gennaio 2001, n° 1.
[51] G. COCO, M. MARTELLI, F. SARPI, *"Strumenti per il miglioramento della regolazione e la semplificazione, l'analisi di impatto della regolamentazione nell'esperienza applicativa in Italia"*, in *"Astrid-rassegna"*, n° 25, 2006, p. 43, in www.astrid-online.it.

tiplicato per il numero di destinatari appartenenti a ciascuna categoria. Per questa operazione è necessario stimare e considerare delle percentuali di "non adeguamento". Infatti, a fronte di situazioni nelle quali i costi sono ineludibili, vi sono molti altri casi in cui possono essere elusi in misura maggiore o minore.

Se all'elusione corrisponde l'irrogazione di una sanzione, prevista anch'essa dal provvedimento di regolazione, ai costi per i destinatari "rispettosi" vanno aggiunti quelli derivanti dall'applicazione delle sanzioni.

La valutazione dei costi indiretti è in genere più complessa rispetto alla valutazione dei costi e benefici diretti. In primo luogo, è difficile capire dove fermarsi nella catena degli effetti da includere nell'analisi; in secondo luogo può essere particolarmente arduo ottenere le informazioni necessarie alla stima degli effetti indiretti. Una regola generale che può essere utile seguire è di limitarsi all'individuazione e alla stima dei costi che si ritengono particolarmente significativi per i destinatari dell'opzione in esame. In particolare, la valutazione degli effetti sociali, degli effetti sulla struttura e sul funzionamento dei mercati e degli effetti occupazionali può rivestire un ruolo decisivo nella scelta dell'opzione preferita[52]. Infatti, la regolamentazione può in varia misura comportare vantaggi o ostacoli alla concorrenza, favorendo o compromettendo un efficiente funzionamento del mercato. In maniera analoga, le regolazioni delle attività

---

[52] G. COCO, M. MARTELLI, F. SARPI, *"Strumenti per il miglioramento della regolazione e la semplificazione, l'analisi di impatto della regolamentazione nell'esperienza applicativa in Italia"*, in *"Astrid-Rassegna"*, op. cit., p. 52, in www.astrid-online.it.

produttive e della commercializzazione di beni e servizi, possono avere effetti significativi sui livelli occupazionali delle imprese interessate dal provvedimento. Bisogna poi tenere in considerazione che gli effetti negativi o positivi nel breve periodo possono cambiare di segno, se si considera un più ampio arco temporale[53].

Le politiche regolative possono generare anche effetti perversi che occorrerebbe prendere in considerazione. Ad esempio, alcuni studiosi hanno messo in luce come regolamentazioni tese ad aumentare la sicurezza dei cittadini abbiano sortito effetti contrari. L'AIR, se correttamente intesa, dovrebbe includere la valutazione di questi effetti indiretti che l'analista ha la facoltà di valutare come costi[54].

Particolare attenzione meritano anche i cc.dd. "costi accantonati", vale a dire i costi che si riferiscono a interventi già posti in essere e in qualche modo collegati o propedeutici alle politiche delle quali oggi si vuole valutare l'impatto. Infatti, se queste politiche oggi non fossero

---

[53] Ad esempio, una modifica di un processo produttivo imposta da un nuovo provvedimento pur causando difficoltà di adeguamento nel breve periodo, potrebbe, in certi casi, mettere un'azienda in condizione di competere più efficacemente in futuro, magari perché i legislatori dei paesi che costituiscono mercati di riferimento hanno adottato provvedimenti analoghi.

[54] A. ARCURI, R. VAN DEN BERGH, *"Metodologie di valutazione dell'impatto della regolamentazione: il ruolo dell'analisi costi-benefici"*, in *"Mercato concorrenza regole"*, n° 2, 2001, p. 237.

portate avanti, le spese già sostenute per interventi a essi collegati costituirebbero perdite secche o comunque risorse sottoutilizzate[55].

Per valutare la convenienza e l'opportunità di intraprendere una nuova politica regolativa, i costi e i benefici devono essere confrontati con lo status quo, cioè con la situazione attuale nonché con le possibili opzioni alternative.

L'esigenza di misurare i costi e i benefici delle singole opzioni di intervento e di confrontarli sia all'interno di ogni singola opzione che tra queste richiede l'impiego di uno strumento il più possibile orientato a questo scopo. A tal fine, non esiste una soluzione universalmente utilizzata e riconosciuta come ottimale[56]: le possibili tecniche variano in base alla tipologia del provvedimento, alla rilevanza di certi effetti rispetto ad altri, al settore in cui si interviene e soprattutto alle finalità attribuite all'AIR, che possono andare dalla mera riduzione di oneri per certe categorie di soggetti, all'aumento della competitività, alla più ampia valutazione degli effetti socio-economici di una politica pubblica.

Il Mandelkern Report, documento le cui raccomandazioni sono accettate da tutti gli studiosi in tema di AIR, afferma che "il quadro metodologico più rigoroso in cui gli impatti, sia positivi che negativi,

---

[55] G. CASALE, *"L'Air: la dimensione economico-finanziaria"*, in *"L'analisi di impatto della regolazione nel processo legislativo"*, Seminario di aggiornamento professionale, Senato della Repubblica, Roma, settembre 2001, p. 122, in http://web2003.senato.it

[56] Per una lista di buone pratiche che sarebbe comunque opportuno osservare nella valutazione dei costi e dei benefici si veda F. BARAZZONI, A. LA ROSA, V. DE MAGISTRIS (a cura di), *"L'Analisi di impatto della regolamentazione in dieci paesi dell'Unione Europea"*, op. cit., pp. 56-57.

delle varie opzioni possono essere valutati è l'analisi costi benefici (ACB) perché essa consente una comparazione di vantaggi e svantaggi quantificabili di qualsiasi numero di opzioni di implementazione, con riferimento a qualsiasi durata della politica, senza che ciò sia inficiato dalla dimensione temporale dei benefici e dei costi"[57].

D'altra parte proprio questa completezza rende l'utilizzo di questo strumento spesso oneroso sul piano pratico, consigliandone un uso non indiscriminato ma limitato agli interventi con impatti particolarmente significativi[58]. Inoltre, tale caratteristica ne rende in alcune circostanze assai problematica l'effettuazione, essendo talvolta impossibile compiere una stima ragionevole di tutti i costi e i benefici derivanti da una determinata regolamentazione. E' questo, ad esempio, il caso delle regulations che producono benefici nel lungo e nel lunghissimo periodo o di quelle che mirano alla realizzazione di benefici non agevolmente monetizzabili.

Ciò nonostante anche un'analisi per forza di cose parziale e approssimativa può essere utile a condizione che dalla stessa emergano con chiarezza gli elementi e gli effetti che non si è stati in grado di valutare. In questo modo è possibile comunque individuare il trade-off della regolamentazione, al netto degli effetti non valutati e quindi si

---

[57] D. MANDELKERN, *"Final Report"*, Bruxelles, 13 novembre 2001, p. 20. Il Mandelkern Report è stato elaborato da un comitato di esperti di regolazione, a seguito del mandato conferito dai Ministri responsabili della funzione pubblica. Il gruppo Mandelkern ha predisposto un rapporto contenente un insieme di indicazioni metodologiche e operative per valutare e migliorare la qualità della regolazione.

[58] Cfr. COMUNE DI LUCCA E MIPA, *"L'Analisi d'impatto della regolamentazione nel Comune di Lucca: evoluzione delle tecniche e consolidamento dell'esperienza"*, Lucca, 2005, p. 46.

può enucleare il valore o il costo regolatorio di tali effetti non quantificati.

Peraltro, è opportuno precisare come, la circostanza che un certo bene non è oggetto di scambio commerciale non è sufficiente per renderlo non valutabile in termini monetari. In alcuni di questi casi, infatti, l'ACB fa ricorso a metodologie dirette o indirette di valutazione della disponibilità a pagare[59].

3.3. L'ANALISI COSTI-BENEFICI

Nella letteratura sull'AIR, l'attenzione si è essenzialmente concentrata sull'analisi tecnico-normativa e sugli studi di fattibilità amministrativa e finanziaria, mentre scarsa attenzione hanno ricevuto i problemi dell'analisi dell'impatto socio-economico. Di conseguenza accade che si faccia essenzialmente richiamo alle metodologie proprie della valutazione dei grandi progetti, e più specificatamente all'analisi costi-benefici[60].

Alla nozione "analisi costi-benefici" sono attribuiti significati sensibilmente diversi. Secondo A. Petretto essa è "un modo per stabilire che cosa la società preferisce. Laddove si può scegliere una sola opzione tra molte possibili, l'analisi dovrebbe indicare a chi prende decisioni, qual è l'opzione che più risponde alle preferenze sociali,

---

[59] Per un approfondimento vedi infra 3.7.
[60] Cfr. G. CASALE, *"L'Air: la dimensione economico-finanziaria"*, in *"L'analisi di impatto della regolazione nel processo legislativo"*, op. cit., p. 114, in http://web2003.senato.it

mentre se è una graduatoria di progetto di cui l'autorità decisionale necessita, l'analisi dovrebbe stabilire i criteri per formulare tale graduatoria"[61].

L'ACB, inizialmente messa a punto per valutare progetti specifici, può essere opportunamente adattata anche ai fini delle politiche di spesa a carattere generale.

In particolare, applicata all'AIR, l'ACB è utilizzata con lo scopo di rilevare tutti i costi e i benefici generati dal provvedimento dalla sua entrata in vigore fino a quando presumibilmente se ne esauriranno gli effetti, e di verificare che i benefici sociali di un intervento siano superiori ai costi sociali.

Una proposta regolatoria è considerata desiderabile nel caso in cui dal confronto fra i benefici totali e i costi totali risulti una prevalenza dei primi, cioè, quando la collettività nel suo insieme riceve un beneficio netto dalla sua realizzazione. Qualora si sia in presenza di più alternative, è giudicata preferibile l'opzione in cui la prevalenza dei benefici sui costi è maggiore.

L'ACB comporta sempre un confronto, implicito o esplicito fra più alternative. Infatti, anche quando l'oggetto dell'ACB è una sola opzione di intervento, il risultato dell'analisi permette di verificare se la stessa è preferibile rispetto all'ipotesi di lasciare immutata la situa-

---

[61] S. PACCHIAROTTI, "*L'analisi di impatto della regolazione: bisogni informativi e tecniche di analisi*", in "*Rivista della Corte dei Conti*", n° 5, 2001, p. 377.

zione attuale (status quo); si è quindi in presenza di un confronto implicito tra l'intervento e lo status quo[62].

Normalmente l'analisi è svolta ex-ante ed è orientata a decidere sull'opportunità di allocare risorse a un determinato progetto, politica o intervento di regolazione. Tuttavia, in alcuni casi, può essere condotta anche alla fine del progetto fornendo un supporto per valutare i risultati della stessa. L'analisi può essere inoltre utilizzata a complemento di altri metodi impiegati nella valutazione dell'AIR; ad esempio essa contribuisce a completare la terza fase dell'analisi del rischio e a valutare l'impatto di scenari di rischio alternativi sui potenziali destinatari[63].

I principali punti critici che si pongono nell'applicazione dell'ACB, derivano dal fatto che in un certo numero di casi gli interventi regolativi influenzano la disponibilità di beni o servizi non scambiati sul mercato e dalla possibilità che le politiche regolative producano effetti distributivi indesiderabili[64].

---

[62] A. DE MARCO, C. OGLIALORO, *"L'analisi costi-benefici: introduzione e concetti fondamentali"*, in S. MOMIGLIANO, F. NUTI (a cura di) *"La valutazione dei costi e dei benefici nell'analisi dell'impatto della regolamentazione"*, Rubbettino Editore, Soveria Mannelli (CZ), 2001, p. 36.

[63] L. CAVALLO, *"L'impatto economico della regolamentazione"*, in N. GRECO (a cura di) *"Introduzione alla analisi di impatto della regolamentazione"*, Edizioni SSPA, Roma, 2003, p. 16.

[64] Cfr. C. DELL'ACQUA, *"L'analisi di impatto della regolamentazione fra politica e amministrazione"*, in *"Il Filangieri"*, n° 1, 2004. Vedi infra par. 3.6 e 3.7.

3.4. L'ANALISI FINANZIARIA E L'ANALISI ECONOMICA

L'analisi costi-benefici si compone di due momenti: l'analisi finanziaria e l'analisi economica. L'analisi finanziaria consiste nella valutazione, per ogni categoria di destinatari, degli effetti dell'opzione in termini di entrate e uscite private considerando il punto di vista del gestore. Essa fa uso dei prezzi di mercato per valutare costi, risparmi di costo e ricavi sotto il profilo dei trasferimenti di valore che l'intervento produce.

Non sempre però, le entrate private misurano adeguatamente i benefici sociali e le uscite private i costi sociali. In tal caso, le entrate e le uscite devono essere corrette in modo che la differenza tra di loro rifletta adeguatamente il benessere della società nel suo complesso. Tale correzione avviene attraverso il passaggio dall'analisi finanziaria all'analisi economica.

L'analisi economica muove dai risultati dell'analisi finanziaria e ne fa uso per trasformare i valori finanziari in valori economici. A tal fine si utilizzano i prezzi ombra che possono anche differire da quelli di mercato, poiché tengono conto delle esternalità e delle distorsioni di mercato[65].

---

[65] Si parla di "prezzi ombra" o "di conto proprio" perché sono prezzi non rilevati sul mercato ma stimati, cioè ricavati utilizzando appositi metodi. In presenza di fallimenti del mercato, questi prezzi approssimano meglio dei prezzi di mercato la valutazione che la società da dei beni e dei servizi. Per un approfondimento si veda M. MARTELLI, *"Specificità dell'analisi economica della regolazione"*, in N. GRECO (a cura di) *"Introduzione alla analisi di impatto della regolamentazione"*, Edizioni SSPA, Roma, 2003, pp. 21-22.

Inoltre, essa deve considerare anche i costi e i benefici che nell'analisi finanziaria non sono presi in considerazione, giacché non danno luogo a movimenti monetari per nessuna delle categorie di soggetti coinvolti nell'intervento.

In effetti, in termini di AIR, non ha senso parlare di analisi finanziaria perché l'AIR è sempre eseguita in un quadro di analisi economica, finalizzata a stimare gli effetti dell'intervento per la collettività nel suo insieme.

Nella valutazione dei costi e dei benefici sociali, l'analisi economica si fonda, rispettivamente, sui concetti di costo opportunità delle risorse impiegate e di disponibilità a pagare.

3.5. LA VALUTAZIONE DEI COSTI E DEI BENEFICI: LA DISPONIBILITA' A PAGARE E IL COSTO OPPORTUNITÀ

Nell'analisi economica la stima dei benefici in termini monetari è comunemente effettuata con riferimento alla disponibilità a pagare (DAP o WTP[66]) e alla disponibilità ad accettare (DAC o WTA[67]).

Al principio della DAP è generalmente riconosciuta una funzione fondamentale all'interno dell'ACB perché non è chiaro, su quale principio, diverso dalle preferenze espresse dagli individui, si possa

---

[66] Willingness to pay.
[67] Willingness to accept.

fondare la valutazione monetaria di variazioni nella loro disponibilità di beni o servizi[68].

La DAP esprime quello che, al massimo, un soggetto è disposto a pagare per ottenere un bene che non possiede. La DAC invece, rappresenta la quantità minima di denaro che un soggetto è disposto ad accettare per rinunciare a un bene che possiede.

Il limite alla disponibilità a pagare è dato dal reddito del soggetto, mentre tale limite non opera con riferimento alla disponibilità ad accettare, la quale può essere anche infinita. Si osserva, nella realtà, che la disponibilità ad accettare per rinunciare a un certo bene è maggiore della disponibilità a pagare per ottenere lo stesso bene, indipendentemente dall'effetto reddito.[69] I costi e i benefici possono quindi essere misurati in termini sia di DAP sia di DAC. Precisamente, nel caso dei guadagni o guadagni mancati sembra essere più appropriato l'utilizzo della DAP, mentre nel caso delle perdite o dei risarcimenti sembra più appropriato utilizzare la DAC.

Sotto il profilo della determinazione dei costi, l'analisi economica ricorre al concetto di costo-opportunità, che corrisponde al valore di un fattore nel miglior impiego alternativo possibile. Il motivo per cui

---

[68] S. MOMIGLIANO, *"Introduzione"*, in S. MOMIGLIANO, F. NUTI (a cura di) *"La valutazione dei costi e dei benefici nell'analisi di impatto della regolamentazione"*, Rubbettino Editore, Soveria Mannelli (CZ), 2001, p. 14.

[69] Secondo l'orientamento prevalente, il fenomeno può essere ricompreso nel c.d. "endowment effect", in base al quale un soggetto valuta maggiormente un bene quando esso si trova nella disponibilità del suo patrimonio. Questo effetto è spiegato dagli studiosi di psicologia cognitiva attraverso il concetto di avversione alle perdite.

il costo-opportunità di un input rappresenta il suo valore sociale è che l'utilizzazione della risorsa ne diminuisce la sua disponibilità per la collettività ai fini di impieghi alternativi, per cui il suo costo è pari al valore di rinuncia. La grandezza tipica in cui si misura il costo opportunità è il tempo e laddove possibile esso deve essere monetizzato. Ad esempio, il tempo richiesto per predisporre le pratiche necessarie al rilascio di un'autorizzazione ha un valore intrinseco che può essere paragonato a quello del medesimo tempo impiegato nell'attività produttiva per la quale si sta chiedendo l'autorizzazione stessa. Poiché il valore varia naturalmente secondo il reddito del soggetto che prepara la documentazione, in prima approssimazione è possibile affermare che il costo-opportunità del tempo si avvicina al valore della retribuzione del soggetto.

Nell'analisi costi-benefici, un ruolo fondamentale è svolto dal "principio di compensazione potenziale", così come è stato sviluppato da Kaldor e Hicks. Per comprendere il nesso esistente tra il "principio di compensazione potenziale" e il concetto di beneficio sociale netto, si prenda in considerazione un mercato di un bene generico in cui vi sono una domanda e un'offerta di mercato.

La differenza fra la disponibilità a pagare e il prezzo effettivamente pagato dai consumatori è chiamato surplus del consumatore o beneficio sociale netto.

La curva di offerta esprime, per ogni livello di quantità, il prezzo minimo al quale i produttori sono disposti a vendere o, per ogni livello di prezzo, la quantità massima che essi sono disposti a vendere. L'area che sottende la curva di offerta rappresenta il costo variabile totale sostenuto per produrre una certa quantità del prodotto. Tale costo variabile, ai fini dell'ACB deve essere inteso non come un costo "contabile", ma come il "costo opportunità" per la società, cioè come il valore dei beni e dei servizi che le risorse impiegate dall'impresa potrebbero generare nel loro miglior impiego alternativo.

La differenza fra il prezzo effettivamente pagato e il prezzo minimo al quale i produttori sono disposti a cedere è chiamato surplus del produttore. La somma del surplus del consumatore e del surplus del produttore è detta surplus totale. Esso può essere definito come differenza fra il surplus lordo che i consumatori ricavano dal consumo e il costo opportunità delle risorse necessarie per produrre una determinata quantità.

Il surplus del consumatore, il surplus del produttore e il surplus sociale sono concetti fondamentali per l'analisi dell'impatto delle politiche pubbliche tramite l'ACB. Di solito, infatti, le politiche regolative generano variazioni nei prezzi e nelle quantità dei beni scambiati sul mercato e quindi il loro impatto si può tradurre e misurare in termini di variazioni del surplus del consumatore e del produttore. Per esempio, una diminuzione del prezzo del bene riduce il surplus del produttore, quindi tale variazione può essere utilizzata per stimare la perdita di benessere che l'intervento pubblico ha provocato o provocherà ai produttori.

Quando non esistono fallimenti di mercato[70] l'applicazione di questi principi è relativamente agevole. Infatti, in presenza di mercati perfettamente concorrenziali, i prezzi esprimono correttamente le

---

[70] I principali fallimenti di mercato, in cui non si raggiunge un'allocazione efficiente delle risorse, sono: il monopolio naturale e la presenza di beni pubblici, esternalità, potere di mercato e asimmetrie informative.

preferenze dei consumatori e riflettono i costi opportunità. Il surplus del consumatore e del produttore e le loro variazioni, possono essere ottenute dalla stima delle curve di domanda e di offerta del mercato[71]. Tuttavia, non sempre esistono dei prezzi di mercato corrispondenti agli effetti dell'attività normativa e anche qualora essi siano rilevabili, non sempre i prezzi di mercato riflettono il valore reale che un bene ha per la società. In presenza di discrasia tra prezzo di mercato e valore reale è opportuno avvalersi del c.d. "prezzo ombra"[72].

In corrispondenza del punto di equilibrio concorrenziale il surplus sociale è massimizzato e, dunque, si ha un'allocazione Pareto-efficiente[73]. Qualsiasi intervento che modifichi questa situazione produce una perdita di efficienza perché non esiste un possibile "miglioramento paretiano"[74].

La presenza di un beneficio netto positivo indica la possibilità di compensare coloro che sostengono i costi di un intervento regolativo in modo che l'utilità di nessun individuo peggiori a seguito dell'intervento stesso.

L'applicazione concreta del principio di Pareto è però molto complicata per varie ragioni. Ad esempio, è spesso impossibile indivi-

---

[71] Cfr. F. SARPI, *"L'applicazione dell'analisi costi-benefici nell'Air"*, in *"Rivista trimestrale di Scienza dell'Amministrazione"*, op. cit., p. 90.

[72] Vedi infra par. 3.7.

[73] Si tratta del c.d. "primo teorema dell'economia del benessere" in base al quale ogni equilibrio di mercato concorrenziale è un'allocazione Pareto-efficiente.

[74] Secondo il criterio di Pareto, un'allocazione delle risorse è considerata efficiente solo se assicura il miglioramento di almeno un individuo senza peggiorare il benessere di tutti gli altri.

duare tutti coloro che sostengono i costi e i benefici di un intervento e comunque si creerebbe il problema di definire un sistema di compensazione che eviti distorsioni nell'economia e non incoraggi una dichiarazione eccessiva dei costi da parte di coloro che subiscono svantaggi dall'intervento regolativo o un occultamento dei benefici da parte di coloro che ne ottengono dei vantaggi. Anche a causa di tali problemi si preferisce fare ricorso a un altro criterio noto come "compensazione potenziale" o "criterio di Kaldor-Hicks": un intervento che presenti un saldo netto positivo è in ogni caso economicamente efficiente, poiché, indipendentemente dalla distribuzione dei relativi costi e benefici, i soggetti che ne beneficiano potrebbero in teoria compensare i soggetti danneggiati[75]. Si tratta di una compensazione "potenziale" poiché la compensazione di coloro che subiscono un pregiudizio è solo ipotetica e non necessita effettivamente di essere messa in atto[76].

3.6. IL PROBLEMA DELL'EQUITA' NELL'ACB

L'utilizzo del "criterio di Kaldor-Hicks" nell'ambito dell'ACB è soggetto a critiche. In particolare, si osserva che la disponibilità a pa-

---

[75] Per un approfondimento sull'uso del principio della compensazione nell'analisi costi-benefici si veda il contributo di N. BRUCE, G. HARRIS, *"Analisi costi-benefici e principio della compensazione"*, in *"Calcolo economico e decisioni pubbliche. Prime proposte per un approccio di settore"*, Formez, Napoli, 1993.

[76] Se si procedesse a una effettiva compensazione, qualsiasi test soddisfacente il criterio di efficienza di Kaldor-Hicks sarebbe atto a soddisfare anche il criterio di Pareto.

gare dipende dal reddito a disposizione degli individui e, quindi, dalla distribuzione della ricchezza all'interno della società[77]. Ciò implica che, per valutare accuratamente gli effetti di un'opzione regolativa, occorrerebbe considerare l'utilità marginale del reddito delle persone interessate.

L'applicazione del "criterio di compensazione potenziale" invece, non prende in considerazione il fatto che la distribuzione dei costi e dei benefici e quindi, la scelta dell'alternativa che presenta il beneficio sociale netto maggiore, potrebbe ridurre l'utilità complessiva dei destinatari se i costi fossero concentrati sugli individui meno abbienti. D'altro canto, la validità del "criterio di Kaldor-Hicks" può basarsi sulla riflessione che, in molti casi, si può correttamente ipotizzare che tutti gli individui abbiano la stessa utilità marginale del reddito. Quest'ultima considerazione appare coerente con le scelte effettuate da molte istituzioni straniere in tema di AIR: i riferimenti all'incidenza sulla distribuzione del reddito sono ben rari e la valutazione degli aspetti ridistribuitivi, qualora inclusa, generalmente si limita all'indicazione degli effetti della regolamentazione sulle diverse classi sociali[78]. In ogni caso, la soluzione al problema distributivo è a portata di mano: si tratta di far intervenire dei giudizi distributivi espliciti all'interno dell'ACB o di sottoporre i risultati dell'ACB a correttivi a

---

[77] In effetti, la DAP dipende più dalla ricchezza degli individui intesa come il valore del loro stock di attività piuttosto che dal loro reddito. Tuttavia, in genere si fa riferimento al reddito perché esso è più facilmente misurabile.

[78] Cfr. F. SARPI, *"Criteri di valutazione di alcuni beni non scambiati sul mercato"*, in S. MOMIGLIANO, F. NUTI (a cura di) *"La valutazione dei costi e benefici nell'analisi dell'impatto della regolazione"*, Rubbettino Editore, Soveria Mannelli (CZ), 2001, p. 78.

posteriori sempre sulla base degli stessi giudizi distributivi. In tal senso, sarebbe opportuno utilizzare una somma pesata delle variazioni delle utilità individuali, le quali avranno un andamento inverso al grado di ricchezza. Ad esempio, sarà possibile utilizzare dei sistemi di ponderazione per favorire particolari classi sociali consentendo di dare maggiore peso ai benefici e ai costi sostenuti dai gruppi più bisognosi della popolazione (cc.dd. pesi distributivi)[79]. Tuttavia, date le finalità informative e di trasparenza che si pone l'AIR, dovrebbe essere preferita la soluzione di sottoporre i risultati dell'ACB a correttivi a posteriori, perché essa ha il merito di portare i giudizi distributivi in maggiore evidenza[80].

In secondo luogo, il "criterio di Kaldor-Hicks" e più in generale l'ACB, non prendono in considerazione gli eventuali "effetti distributivi" sulla ricchezza generati da una politica regolativa. La compensazione potenziale non sempre si traduce in compensazione effettiva e pertanto alcuni autori ritengono che un corretto sistema di AIR non possa prescindere dal valutare anche i profili redistributivi. Infatti,

---

[79] Per un approfondimento sul tema si veda A. G. HARBERGER, *"L'uso dei pesi distributivi nell'analisi costi-benefici"*, in *"Analisi costi-benefici, questioni di metodo e problemi applicativi"*, Formez, Napoli, 1993. A p. 109 ss. si prospettano varie soluzioni per l'utilizzo dei pesi distributivi tra i quali l'applicazione simultanea del test di efficienza pura e del test di ponderazione e l'utilizzo di un unico premio che amplifica i benefici netti di chi è al di sotto della soglia di povertà.

[80] D. PIACENTINO, *"L'air, l'acb e i processi di decisione pubblica: tre aspetti critici"*, in S. MOMIGLIANO, F. NUTI (a cura di) *"La valutazione dei costi e dei benefici nell'analisi di impatto della regolamentazione"*, Rubbettino Editore, Soveria Mannelli (CZ), 2001, p. 27.

poiché un intervento regolativo non produce i propri effetti solo in relazione alla variazione del benessere sociale, ma anche in riferimento alla distribuzione delle risorse, è possibile che esso si configuri come efficiente ma allo stesso tempo contrario a equità per i suoi effetti distributivi. Secondo la tesi ascrivibile alla corrente di pensiero tradizionale, l'obiettivo dell'ACB e dell'AIR è quello di identificare l'efficienza di un intervento pubblico, a prescindere dalla soluzione di problematiche legate alla distribuzione delle risorse[81].

Alcuni autori hanno proposto di integrare il "parametro di Kaldor-Hicks", in modo da includere nel calcolo i cc.dd. "benefici di trasferimento" ovvero i costi che in generale occorre sopportare per effettuare in concreto un trasferimento compensativo[82]. In questo modo, un intervento con un modesto saldo positivo potrebbe risultare inefficiente ove tali costi annullino i benefici. Altri autori sostengono che le problematiche relative alla distribuzione delle risorse possano essere efficacemente risolte tramite delle politiche redistributive, in modo da conciliare gli obiettivi di efficienza con quelli di equità. Tuttavia, gli strumenti macroeconomici risultano in genere insufficienti a ottenere una redistribuzione equa del reddito. Vi è poi chi sostiene che queste questioni possano essere risolte più efficientemente attraverso imposte del tipo "lump sum"[83] che non generano effetti di so-

---

[81] A. ARCURI, R. VAN DEN BERGH, *"Metodologie di valutazione dell'impatto della regolamentazione: il ruolo dell'analisi costi-benefici"*, in *"Mercato concorrenza regole"*, op.cit, p. 249.
[82] Si veda per tutti R.O. ZERBE JR, *"Ethical benefit-cost analysis"*, Seattle, 2007, p. 20 ss., in http://works.bepress.com/richard_zerbe/3.
[83] Cfr. F. SARPI, *"Criteri di valutazione di alcuni beni non scambiati sul mercato"*, in S. MOMIGLIANO, F. NUTI (a cura di) *"La valutazione dei costi e benefici nell'analisi*

stituzione. D'altra parte, le "lump sum" non sono concretamente praticabili e i trasferimenti effettuati tramite strumenti tradizionali di politica fiscale hanno un costo molto elevato, sono spesso sproporzionati agli obiettivi e possono comportare degli effetti collaterali[84]. I trasferimenti in un'unica soluzione, privi di costo per l'amministrazione pubblica, sono di regola al di fuori della portata di quest'ultima ed è difficile pensare che essi non abbiano a loro volta effetti di incentivo o di disincentivo sulle attività degli individui.

Isolare le questioni di efficienza da quelle relative alla distribuzione sembra impraticabile, perché la stessa variazione del benessere dipende dalla distribuzione delle risorse, il ché rende impossibile un giudizio sull'efficienza avulso da quello sulla distribuzione. Infatti, la DAP e la DAC dipendono dalla distribuzione della ricchezza in quanto essa influenza l'utilità marginale del reddito.

Una soluzione al problema dell'equità delle politiche regolative è indicata da Zerbe, che ha elaborato un concetto di efficienza allargato, c.d. "Kaldor-Hicks-Zerbe". Secondo Zerbe, considerando che, nel calcolo dei costi e dei benefici, assumono rilevanza le preferenze individuali e che molti soggetti assegnano un valore positivo al benessere di altri (e in generale dei poveri), la distribuzione delle risorse può diventare uno dei beni valutati dagli individui e per il quale essi sono disposti a pagare. In questo modo gli effetti distributivi possono essere considerati "benefici di trasferimento" ed essere incorporati nell'ACB.

---

dell'impatto della regolazione", p. 61. Le "lump sum" sono imposte sul cui ammontare il contribuente non può incidere modificando i propri comportamenti.

[84] Cfr. F. NUTI, *"L'analisi costi-benefici"*, Bologna, Il Mulino, 1987, p. 24.

Poiché il bene perfetto sostituto dei "benefici di trasferimento" è costituito dalla modalità più efficiente per soddisfare l'obiettivo della redistribuzione, allora il valore massimo dei "benefici di trasferimento" deve essere pari al costo minimo del più efficiente trasferimento.

Il metodo di Zerbe potrà trovare applicazione solamente in determinate ipotesi. Innanzitutto, appare opportuno ignorare gli effetti distributivi, quando è molto probabile che i benefici legati alla valutazione di tali effetti siano minori dei costi dovuti alla loro determinazione. Inoltre, l'utilizzo è sconsigliato quando gli effetti del progetto sono di modesta entità e qualora le risorse siano già distribuite equamente e non occorre operare alcuna redistribuzione[85].

La questione dell'inclusione nell'AIR anche dei profili attinenti alla giustizia distributiva è assai complessa e presuppone una chiara idea circa la funzione che l'AIR deve assumere. Se all'AIR sono attribuite funzioni di carattere normativo o quasi normativo, evidentemente non è possibile pensare di poter prescindere dall'analisi dei profili redistributivi, i quali nei moderni sistemi democratici contemporanei giocano un ruolo spesso determinante. Se viceversa, così come rileva la corrente di pensiero tradizionale e maggiormente diffusa, all'AIR deve essere attribuita una funzione prettamente informativa, allora le ricadute redistributive delle regolazioni non saranno di per sé rilevanti[86]. Naturalmente sarà poi il soggetto decisore, in possesso di

---

[85] Cfr. A. ARCURI, R. VAN DEN BERGH, *"Metodologie di valutazione dell'impatto della regolamentazione: il ruolo dell'analisi costi-benefici"*, in *"Mercato concorrenza regole"*, op. cit., p. 250.

[86] R. PERNA, *"L'analisi economica della regolamentazione"*, in *"Mercato concorrenza regole"*, op. cit., pp. 80-81.

dati sul rapporto costi-benefici, a dover valutare anche i profili di carattere equitativo, che per loro natura prescindono da una valutazione di efficienza. Spetta, infatti, alla politica far entrare questi valori nel processo decisionale in quanto l'AIR si configura come strumento di supporto alla decisione e non sostitutivo della stessa.

3.7. LA VALUTAZIONE DEI BENI EXTRA-MERCATO

In presenza di fallimenti del mercato o quando i mercati non funzionano bene, come nel caso del monopolio, i prezzi non possono più essere considerati indicatori affidabili delle preferenze dei consumatori e quindi il calcolo dei costi e dei benefici si complica. Analogo problema si pone nel caso in cui si devono valutare beni non scambiati sul mercato e per i quali, dunque, non esiste un prezzo di mercato.

Le difficoltà di calcolo nell'ACB riguardano, in particolare, la quantificazione e la monetizzazione dei benefici, poiché essi molto spesso appartengono a categorie per le quali non esiste un mercato di scambio, quali ad esempio la disponibilità di aria salubre, la diminuzione dell'inquinamento acustico, il miglioramento estetico e/o funzionale del paesaggio urbano, la salvaguardia ambientale e la tutela della salute. Infatti, risulta in genere molto più agevole calcolare approssimativamente il costo-opportunità che quantificare i benefici immateriali, perché per i costi esistono più frequentemente mercati reali, simili o assimilabili a quello del fattore in oggetto.

Nel caso dell'AIR tale difficoltà è accentuata rispetto all'analisi di progetti di investimento perché spesso i benefici apportati dalla regolazione in materia sanitaria, ambientale e di sicurezza sono privi di un prezzo di mercato cui fare riferimento.

Da un punto di vista tecnico, non è corretto trattare i beni in questione allo stesso modo di quelli scambiati su mercati efficienti, quindi è senz'altro vero che il prezzo di mercato, laddove esista, necessita di opportune correzioni. In particolare, è necessario individuare il c.d. "prezzo ombra" dei beni, inteso come il "costo-opportunità", cioè la perdita netta che la società subisce a causa della riduzione di una sua unità[87].

D'altra parte, da un punto di vista etico, l'obiezione che più frequentemente è mossa contro l'ACB è proprio quella di voler mettere un prezzo su ogni cosa, quando invece, esistono beni di valore assoluto, quali ad esempio la vita, l'incolumità, la salute e l'ambiente naturale, che non hanno un prezzo di mercato. Pretendere di valutarli in termini monetari sarebbe come sminuirne il valore e, agli effetti pratici, fornire una giustificazione e mettere le premesse a politiche dissipatrici. Inoltre, mettendo un prezzo su ogni bene si apre la strada al "commercio di tutto", dunque anche delle cose più preziose. Questa argomentazione può però essere discussa sotto vari profili. In primo luogo, la pratica di attribuire valore monetario ai beni come la vita o l'incolumità fisica non è pratica sconosciuta, ma anzi largamente diffusa e generalmente accettata. In secondo luogo, partendo dalla considerazione che le risorse a disposizione sono scarse e che, le decisioni per raggiungere la loro efficiente allocazione determinano una scelta

---

[87] Cfr. F. SARPI, *"L'applicazione dell'analisi costi-benefici nell'Air"*, in *"Rivista trimestrale di Scienza dell'Amministrazione"*, op. cit., p. 102.

tra i vari obiettivi perseguibili, si comprende l'opportunità di valutare anche beni non oggetto di scambio. In caso contrario, per essere coerenti con la posizione per cui ad esempio la vita ha un valore infinito, si dovrebbero realizzare tutti i progetti che riducono la probabilità di morte o malattia, il ché richiederebbe l'utilizzo di tutto (o quasi) il PIL di un paese. Infine, non sembra attraente l'alternativa consistente nel fare a meno di simile valutazione. Infatti, la valutazione monetaria, per i beni senza prezzo, sembra essere non una minaccia ma un correttivo, dato che altrimenti ciò che non ha un prezzo rimarrebbe senza valore e quindi senza risarcimento in caso di perdita o danneggiamento[88].

La valutazione degli effetti sul benessere sociale di variazioni nella disponibilità di beni o servizi, anche quando non sono scambiati sul mercato, resta fondata sul criterio della DAP degli individui coinvolti per ottenere un incremento della disponibilità di tali beni o per evitarne una riduzione dato che la DAP rimane l'unico criterio coerente con l'ACB.

I metodi utilizzati per la valutazione di tali beni sono di due tipi: a) metodi diretti, che hanno come scopo quello di ottenere la DAP direttamente dai soggetti mediante esperimenti, mercati simulati o indagini campionarie; b) metodi indiretti che si basano sul concetto di pre-

---

[88] Cfr. D. PIACENTINO, *"L'air, l'acb e i processi di decisione pubblica: tre aspetti critici"*, in *"La valutazione dei costi benefici nell'analisi di impatto della regolamentazione"*, op. cit., p. 25.

ferenze rivelate[89] e consentono di dedurre la DAP dal comportamento degli individui.

Nell'ambito dei metodi indiretti assumono rilevanza il metodo dei prezzi edonici, le analogie di mercato e il metodo dei costi di viaggio.

Il metodo dei prezzi edonici (MPE) o impliciti può essere utilizzato per valutare, attraverso l'ausilio di tecniche econometriche, qualsiasi caratteristica il cui valore è incluso nel prezzo di un bene. Esso è utilizzato prevalentemente per valutare la DAP degli individui al fine di ottenere un miglioramento della qualità dell'ambiente ed è ampiamente utilizzato anche negli studi sulla valutazione della vita umana. Il metodo si fonda sull'idea che il valore della disponibilità a pagare sia implicito nel prezzo di alcuni beni, tra cui, in primo luogo, le abitazioni[90]. Se due beni uguali in tutto, tranne che per una caratteristica differiscono nel loro prezzo, tale differenza è definita come il prezzo edonico di tale attributo. Il MPE permette quindi di considerare tutte le più importanti variabili che influenzano il valore di un bene e di isolare il contributo che la caratteristica interessata fornisce a tale valore. Ad esempio, la stima della DAP per disporre di un panorama potrebbe

---

[89] Le preferenze rivelate, basate sull'ipotesi che i consumatori massimizzano l'utilità derivante dai propri consumi, permettono di porre in relazione i beni che sono stati effettivamente domandati e quelli che avrebbero potuto essere domandati a parità di risorse a disposizione. Formalmente, il principio delle preferenze rivelate afferma che se X è il paniere scelto in corrispondenza di un prezzo P e Y è un altro paniere tale che PX > PY, allora X è "rivelato" essere preferito ad Y.

[90] F. SARPI, *"Criteri di valutazione di alcuni beni non scambiati sul mercato"*, in S. MOMIGLIANO, F. NUTI (a cura di) *"La valutazione dei costi e benefici nell'analisi dell'impatto della regolazione"*, op. cit., p. 61.

essere ottenuta calcolando la differenza tra il prezzo medio delle abitazioni situate in una zona senza panorama e quello delle abitazioni in posizione panoramica. Tuttavia, tale stima si basa sul presupposto che non esistano altri fattori in grado di incidere sul prezzo delle case. Essendo invece realistico ipotizzare che il prezzo sia influenzato in misura determinante anche da altri fattori, ne può derivare una stima molto distorta. Analogamente questo metodo può essere utilizzato per la valutazione del valore della vita. Ad esempio, esso può derivarsi dai differenziali salariali richiesti dagli individui per accettare un maggior rischio di morte insito in alcuni lavori.

Il procedimento si scompone in due fasi: valutazione dell'influenza che la caratteristica oggetto dell'analisi ha sul prezzo del bene e stima della DAP, controllando le differenze socioeconomiche tra gli individui. Per ottenere il prezzo edonico è necessario formulare una funzione di prezzo edonico F che stabilisca una relazione tra il prezzo P del bene e tutte le caratteristiche che concorrono a determinarne il valore. La variazione del prezzo conseguente a un cambiamento di una delle caratteristiche indicate, rappresenta il prezzo edonico di quest'ultima.

Il punto critico del metodo dei prezzi edonici è che esso si basa su ipotesi molto forti sia in merito al set informativo di cui gli individui e le famiglie dispongono, sia in riferimento alla struttura del mercato. Infine, dal punto di vista più strettamente analitico, il MPE richiede un'attenta individuazione delle variabili che influenzano il prezzo e presenta il rischio di multicollinearità, cioè dell'esistenza di una relazione tra le variabili esplicative (che dovrebbero invece essere indipendenti le une dalle altre per assicurare una stima corretta). La considerazione di questi limiti serve a valutare criticamente i risultati del

MPE e suggerisce di limitare il loro uso a quelle fattispecie che non si discostano troppo dalle condizioni ideali di mercato.

Quando occorre valutare beni che presentano caratteristiche simili a quelli scambiati sul mercato, è possibile ricorrere alla tecnica delle "analogie di mercato", la quale consente di valutare tali beni attraverso l'utilizzo dei prezzi e\o delle quantità dei beni scambiati sul mercato. Ad esempio, questo metodo può essere utilizzato per la valutazione della vita umana, basandosi sugli acquisti di beni volti a incrementare la sicurezza quali i sistemi antincendio e i dispositivi di sicurezza delle auto da cui è possibile ricavare il valore che le persone attribuiscono a una riduzione del rischio fisico. Analogamente, le analogie di mercato possono anche essere utilizzate per la valutazione del tempo utilizzando come prezzo ombra il salario.

Per una corretta applicazione di tale tecnica è necessario che siano presenti due condizioni: che il bene da valutare sia sufficientemente omogeneo con quello scambiato sul mercato e che il prezzo di quest'ultimo possa ragionevolmente approssimare la disponibilità a pagare degli utenti del bene su cui incide l'intervento regolatorio[91].

Per la valutazione dei siti ricreativi e di quelli archeologici è possibile utilizzare il metodo dei costi di viaggio (Travel Cost Method) che si basa sul calcolo del costo totale che le persone sostengono per raggiungere una certa località al fine di stimare la loro DAP. Esso si fonda sull'ipotesi che il visitatore razionale si aspetti di ricevere un bene-

---

[91] Cfr. F. SARPI, *"Criteri di valutazione di alcuni beni non scambiati sul mercato"*, in S. MOMIGLIANO, F. NUTI (a cura di) *"La valutazione dei costi e benefici nell'analisi dell'impatto della regolazione"*, op. cit., p. 60; IDEM, *"L'applicazione dell'analisi costi-benefici nell'Air"*, in *"Rivista trimestrale di Scienza dell'Amministrazione"*, op. cit., p. 90.

ficio almeno pari al costo sostenuto per la visita.

L'obiettivo è quello di definire una curva di domanda per il sito ricreativo attraverso la quale giungere al calcolo del surplus degli utenti.

In letteratura esistono sostanzialmente due modelli: il modello zonale e il modello individuale. Nel primo caso, si divide il bacino di utenza in zone omogenee rispetto al costo e alle altre variabili esplicative che condizionano la visita e si procede alla stima della curva di domanda dell'esperienza ricreativa. Nella versione individuale, si può osservare la domanda di visite come funzione del costo totale del viaggio, considerando come variabile dipendente il numero di visite e come variabile indipendente il costo del viaggio.

Sono numerosi i limiti e le problematiche legate all'applicazione di questo metodo[92]. Innanzitutto, un primo limite si manifesta qualora lo stesso viaggio sia utilizzato per raggiungere più luoghi giacché in questo caso sarebbe necessario attribuire la giusta quota dei costi totali a ognuno dei siti raggiunti. A ciò si aggiunge che il metodo permette una stima della DAP degli utenti per il sito ricreativo nel suo complesso e non per le sue singole componenti. Inoltre, esso consente di determinare delle stime utili solo laddove i costi sostenuti per raggiungere il sito siano sostanzialmente differenti e deve essere utilizzato accuratamente nei casi in cui esistano siti sostitutivi rispetto a quello da valutare perché ciò potrebbe distorcere la stima della domanda. Infine,

---

[92] Per un approfondimento di questo metodo e in particolare dei limiti si veda F. SARPI, *"Criteri di valutazione di alcuni beni non scambiati sul mercato"*, in *"La valutazione dei costi e benefici nell'analisi dell'impatto della regolazione"*, op. cit., p. 66 ss.

questo metodo non prende in considerazione i "valori di non uso" [93] cioè quelli che corrispondono all'utilità generata non dall'uso di un bene ma, ad esempio, dalla sua semplice esistenza. Ne deriva che il metodo dei costi di viaggio può anche sottostimare di molto il valore economico di una risorsa naturale.
Per la valutazione di beni extramercato, l'ACB può ricorrere anche a metodi diretti i quali possono essere essenzialmente suddivisi in tre categorie:

- ✓ Metodo della valutazione contingente (VC);
- ✓ Metodi di scelta sperimentale *choise modelling* che sono riconducibili alla famiglia della *conjoint analysis*;
- ✓ Metodi basati su campioni ridotti (*focus groups* o *Delphi tecnique*).

Le valutazioni contingenti, il cui uso è sempre più diffuso, sono delle indagini campionarie che permettono di stimare la DAP degli intervistati per evitare il verificarsi di un certo evento dannoso o per ottenere la disponibilità di alcuni beni, attraverso la definizione di mercati cc.dd. ipotetici non essendo, infatti, presenti scelte effettivamente operate dagli individui sul mercato. Esistono svariate tecniche con cui condurre le valutazioni contingenti tra le quali spiccano le *open ended*, le gare d'offerta, le scelte dicotomiche e le carte di pagamento.

---

[93] Il valore di non uso è a sua volta composto di tre elementi: Il valore di esistenza, il valore di opzione e il valore di lascito. Il metodo dei costi di viaggio e più in generale i metodi indiretti non permettono di valutare il valore di non uso il quale può invece essere valutato tramite metodi diretti e in particolare tramite le valutazioni contingenti.

Nessuna di tali tecniche domina strettamente le altre, presentando ciascuna distorsioni di vario tipo ed essendo più o meno adatta a seconda del tipo di bene da valutare e della tipologia di soggetti che compongono il campione.

Nella letteratura scientifica non vi è accordo circa il fatto che le valutazioni contingenti siano in grado di rilevare in maniera accurata e realistica la DAP degli individui e che conseguentemente possano essere utilizzate o no nell'analisi costi-benefici. I limiti di tale strumento di valutazione derivano dal fatto che esso si basa sull'analisi di un contesto puramente ipotetico e non su comportamenti reali.

La critica maggiore è costituita dalla probabile inaffidabilità delle risposte, soprattutto alla luce dei possibili comportamenti strategici che gli individui, non tenuti ad avvalorare le loro risposte con fatti, possono tenere[94]. Infatti, gli intervistati potrebbero ottenere dei vantaggi individuali dichiarando una DAP falsa.

In secondo luogo gli intervistati sono sottoposti a scelte molto complesse poiché l'attribuzione di un valore ai beni costituisce un operazione complessa e ipotetica e il processo decisionale degli individui non è abituato a ragionare in questo modo con la conseguenza che gli intervistati, a causa di una mancata comprensione del problema, in realtà potrebbero rispondere a un quesito diverso da quello reale[95].

---

[94] Cfr. A. ARCURI, R. VAN DEN BERGH, "*Metodologie di valutazione dell'impatto della regolamentazione: il ruolo dell'analisi costi-benefici*", in "*Mercato concorrenza regole*", op. cit., p. 244.

[95] L. MORESCHINI, "*Metodi di valutazione economica di beni pubblici culturali*", Working Paper, Università di Torino, Dipartimento di Economia, n° 1, 2003, pp. 11-12, in www.eblacenter.unito.it.

In terzo luogo, vi è una difficoltà nell'ottenere la necessaria collaborazione da parte degli intervistati che, solitamente non mostrano un grande impegno nel rispondere a tali questionari[96].

Tuttavia, le VC rappresentano l'unico modo per ottenere una stima della DAP per molti beni, soprattutto, quando oggetto della valutazione sono i "valori di non uso". Inoltre, è importante rilevare come questa tecnica richieda in genere il supporto di personale specializzato sia nell'elaborazione dei questionari e nella gestione delle interviste, sia nella fase di elaborazione dei dati. Ne consegue che il costo per lo svolgimento delle VC può assumere anche dimensioni elevate.

Nella valutazione di alcuni beni extra-mercato, quali ad esempio la vita umana, una scelta da molti auspicata è di ricorrere a un'analisi costo-efficacia. Attraverso tale tecnica è possibile confrontare un certo numero di alternative sulla base dei loro costi e di una misura comune di efficacia che è quantificata ma non monetizzata[97].

3.8. LA VALUTAZIONE COMPARATA DEI COSTI E DEI BENEFICI DELLE OPZIONI: VAN E TIR FINANZIARIO

Le misure di regolamentazione, così come le altre politiche pubbliche, hanno normalmente conseguenze che si estendono lungo un orizzonte multiperiodale, dispiegando i propri effetti per diversi anni. La necessità di tenere conto del momento al quale costi e benefici si

---

[96] Cfr. D. FURIA, *"Valutazione dei beni culturali: un inquadramento introduttivo"*, in *"Global & Local economic review"*, 2001, n° 1, p. 71.

[97] Per un approfondimento di tale tecnica vedi infra par. 4.3.

riferiscono nasce da circostanze che sono state variamente giustificate dalle diverse scuole di pensiero economico. Nonostante le divergenze di opinione, non sembra possibile prescindere dall'idea che la disponibilità attuale di un bene gli conferisca un'utilità superiore rispetto a quella derivante dalla sua disponibilità futura[98]. Quindi, non è metodologicamente corretto valutare allo stesso modo costi e benefici che si verificano in tempi diversi, essendo opportuno adottare un sistema di "pesi" che riduca il valore, e quindi l'importanza degli effetti più lontani nel tempo[99].

Lo sconto intertemporale è l'operazione mediante la quale grandezze monetarie disponibili in momenti diversi sono rese perfettamente confrontabili tra loro essendo ricondotte allo stesso istante tramite un fattore di attualizzazione. In via generale, nell'AIR, il momento temporale di riferimento al quale ricondurre tutti i costi e benefici è quello in cui l'implementazione della politica ha inizio, cioè il c.d. tempo zero dato che l'AIR deve fornire un ausilio al decisore[100]. Lo sconto intertemporale effettuato rispetto al tempo zero prende il nome di attualizzazione e il valore di ciascuna posta si chiama valore attuale. L'operazione di attualizzazione è alla base dei principali meto-

---

[98] La scuola neoclassica ha utilizzato il concetto di "preferenze temporali" per indicare la propensione del consumatore ad assegnare al consumo odierno un'utilità superiore rispetto a quella di un identico ammontare di consumo differito nel tempo.
[99] F. SARPI, *"L'applicazione dell'analisi costi-benefici nell'Air"*, in *"Rivista trimestrale di Scienza dell'Amministrazione"*, op. cit., pp. 92-93.
[100] A. DE MARCO, C. OGLIALORO, *"L'analisi costi-benefici: introduzione e concetti fondamentali"*, in S. MOMIGLIANO, F. NUTI (a cura di) *"La valutazione dei costi e dei benefici nell'analisi dell'impatto della regolamentazione"*, op. cit., p. 43.

di di valutazione di progetti e politiche pubbliche: il "valore attuale netto" (VAN), il "tasso interno di rendimento" (TIR) e il "rapporto benefici-costi". Il valore attuale di un ammontare X disponibile al tempo n, dato un tasso di sconto pari a i, è pari a:

$$VA(X) = \frac{1}{(1+i)^n} X$$

Dove il rapporto $1/(1+i)^n$ è denominato fattore di sconto. Il calcolo del valore attuale dei costi che un'opzione regolativa si prevede provocherà dal tempo t=0 al tempo t=n è, quindi, pari alla somma attualizzata:

$$VA(C_t) = \sum_{t=0}^{n} \frac{C_t}{(1+i)^t}$$

La somma algebrica scontata dei costi e dei benefici totali è detta "valore attuale netto" (VAN) e indica i benefici netti complessivi che l'intervento è in grado di arrecare alla collettività:

$$VAN = VA(B_t) - VA(C_t) = \sum_{t=0}^{n} \frac{B_t}{(1+i)^t} - \sum_{t=0}^{n} \frac{C_t}{(1+i)^t}$$

In questa sede si assume che il tasso di sconto i sia noto. Nella scelta tra più opzioni si dovrà preferire, a parità di condizioni, quella che presenta il valore attuale netto più elevato e che produce, dunque, il benessere sociale maggiore. Inoltre una politica è desiderabile solamente se presenta un VAN positivo. Quindi, la determinazione del VAN, non solo offre un criterio di accettabilità di un intervento pubblico, ma anche un criterio di scelta laddove si è in presenza di varie opzione alternative.

Nell'AIR il calcolo del VAN riguarda gli aspetti economici e non solo quelli finanziari, e come tale prende il nome di VANE (Valore Attuale Netto Economico). Esso rappresenta il saldo, riportato al valore di oggi, tra benefici e costi sociali dell'intervento[101].

Esistono altri metodi basati sull'attualizzazione come in particolare il rapporto benefici-costi[102] e soprattutto il "tasso interno di rendimento" (TIR) che si definisce come quel tasso i che eguaglia il valore attuale dei flussi di costi al valore attuale dei flussi di benefici, ossia il valore del tasso di sconto che rende pari a zero il valore attuale netto di un progetto. Infatti, al crescere del tasso di sconto diminuisce il VAN, perché i benefici netti vengono scontati a un tasso maggiore. Quando il VAN è uguale a zero significa che i benefici dell'opzione pareggiano i costi. Il TIR in altri termini rappresenta il tasso di interesse che i benefici netti sono in grado di pagare a un eventuale finanziatore che anticipi i costi della regolazione.

---

[101] Cfr. REGIONE TOSCANA, MIPA, *"Analisi di impatto della regolamentazione"*, Manuale di pratiche, Roma, 2005, p. 50.

[102] Due o più opzioni regolative possono essere confrontate anche attraverso l'esame del c.d. rapporto benefici-costi (o indice di redditività) consistente nel dividere la somma dei benefici scontati per la somma dei costi scontati. Se il rapporto è maggiore di uno la politica può essere intrapresa e fra le diverse opzioni sarà preferita quella che presenta il rapporto più elevato. Per un approfondimento si veda F. NUTI, *"L'analisi costi-benefici"*, op. cit., p. 102 ss.

$$VAN = \sum_{t=0}^{n} \frac{B_t - C_t}{(1+i)^t} = 0$$

Generalmente un'opzione di un intervento pubblico è considerata accettabile se il TIR è superiore al tasso di sconto sociale.

Il decisore pubblico dovrebbe implementare solo provvedimenti che presentano un tasso di rendimento maggiore di quello ottenibile con interventi alternativi (riflessi nel tasso di sconto sociale).

Il TIR può essere individuato attraverso un metodo per tentativi ed errori, applicando diversi saggi a caso e correggendoli gradualmente. Una volta individuati due saggi, l'uno positivo e l'altro negativo, è possibile determinare il TIR per interpolazione, anche se in maniera approssimativa.

I metodi del VAN e del TIR forniscono informazioni complementari per la scelta tra politiche o progetti alternativi. Il VAN fornisce una stima del valore assoluto, oltre che del segno, dell'impatto netto dell'intervento e per calcolarlo è necessario determinare il tasso di sconto. Il TIR è un indicatore, indipendente dalla dimensione dell'intervento e dal tasso di sconto, utilizzabile per valutare la convenienza di un progetto rispetto ad alternative che devono ritenersi implicitamente espresse dal tasso di sconto sociale. Esso si rivela pertanto molto utile nei casi in cui sussistono dubbi sul tasso di sconto da utilizzare.

Fino a quando si tratta di accettare o respingere un progetto, VAN e TIR danno gli stessi risultati. Infatti, per definizione il valore attuale netto non può essere positivo se il tasso di rendimento interno non è superiore al saggio di riferimento. Se tuttavia è necessario stabilire un ordine di preferenza fra le varie opzioni alternative, i risultati possono essere contraddittori[103].

Talune delle critiche mosse contro l'uso del TIR sono basate sull'idea che esso implichi il principio che il reinvestimento dei flussi di cassa debba avvenire al "saggio di rendimento interno" stesso. In realtà, il TIR può essere calcolato senza fare riferimento all'ipotesi di reinvestimento. Quest'ultimo, inoltre, non deve necessariamente essere effettuato al "saggio di rendimento interno": potrà effettuarsi sulla base di un qualunque saggio di sconto. Un secondo problema relativo al TIR consiste nel fatto che esso non è necessariamente unico: per determinarlo, dovremmo risolvere un'equazione polinomia, che potrà presentare in alcuni casi più di una soluzione. Dal punto di vista economico hanno significato solamente le radici reali e positive[104].

Nell'analisi di impatto della regolazione il tasso di sconto sociale è di norma predeterminato e uguale per ogni progetto. Inoltre, l'analisi è finalizzata in via prioritaria a verificare che un'alternativa

---

[103] Cfr. F. NUTI, "*L'analisi costi-benefici*", op. cit., p. 108 ss. Nel caso in cui si deve scegliere tra più interventi alternativi che differiscono notevolmente tra loro in termini di scala o di distribuzione temporale dei costi e dei benefici, l'utilizzo dei due metodi può portare a risultati finali differenti. Ad esempio, il TIR rispetto al VAN tende a favorire opzioni con una vita economicamente più breve.

[104] Secondo la regola dei segni di Cartesio, il numero di radici reali positive è uguale al numero di cambiamenti di segno nell'equazione ordinata.

raggiunga un obiettivo quantitativamente prefissato. L'importanza di identificare la dimensione dell'impatto della regolazione, il minor rilievo che riveste nell'AIR la dipendenza del risultato dal tasso di sconto e il problema della molteplicità dei TIR, rendono preferibile, nella valutazione di interventi di regolazione, l'utilizzo del VAN.

Il calcolo del VAN pone due questioni fondamentali per l'analista dell'AIR: la scelta dell'orizzonte temporale di riferimento e del tasso di sconto. Per quanto concerne la prima bisogna considerare che l'applicazione dell'ACB all'AIR presenta una peculiarità: una norma, a differenza di un progetto di investimento, presenta un orizzonte temporale infinito[105]. Al di là delle soluzioni tecniche che è possibile utilizzare in questi casi[106], è chiaro che l'estrema varietà di situazioni che si affrontano nello svolgimento dell'AIR rende evidente il ruolo giocato dalla competenza e dall'esperienza dell'analista: si tratta, infatti, di individuare un orizzonte temporale comune per costi e benefici, valutando di volta in volta la soluzione migliore. Una valutazione basata su un periodo di dieci anni dovrebbe essere sufficiente nella maggior parte dei casi[107].

La determinazione del tasso di sconto da utilizzare per l'attualizzazione dei costi e dei benefici di un'opzione regolativa è

---

[105] Cfr. F. SARPI, *"L'applicazione dell'analisi costi-benefici nell'Air"*, in *"Rivista trimestrale di Scienza dell'Amministrazione"*, op. cit., p. 94.

[106] In questi casi, infatti, è possibile approssimare il valore attuale dei costi e dei benefici che si realizzano dopo il periodo di attualizzazione scelto, attraverso il calcolo del c.d. "terminal value".

[107] NUCLEO PER LA SEMPLIFICAZIONE, DAGL, *"Guida alla sperimentazione dell'analisi dell'impatto della regolazione"*, Circolare 16 gennaio 2001, n° 1.

probabilmente il tema più discusso nel dibattito teorico dell'ACB, date le notevoli conseguenze derivanti da questa scelta, in termini, soprattutto, del peso da attribuire ai costi e ai benefici che si manifestano in tempi diversi. Nel caso del VAN, esso corrisponde al costo del denaro che il soggetto che compie la spesa deve sostenere[108]. Nel caso del VANE, invece, bisogna utilizzare il tasso di sconto sociale, che corrisponde alla valutazione che la società nel suo insieme fa dell'impiego del denaro pubblico. A tal fine, sono diverse le soluzioni proposte, tra cui spiccano: il tasso di rendimento marginale del capitale del settore privato (TRC), il tasso di preferenza intertemporale sociale (TPIS), una media ponderata delle due misure precedenti e il prezzo ombra del capitale[109].

Le questioni più rilevanti ai fini dell'AIR sono gli effetti intergenerazionali, l'inflazione e il rischio[110]. Una politica regolativa spesso produce effetti che coinvolgono non solo la generazione presente, ma anche quelle future. A parità di altre condizioni, all'aumentare del tasso di sconto sociale si riduce il peso degli effetti più lontani nel tempo e ciò pone un problema di "giustizia intergenerazionale" per cui, se-

---

[108] Ad esempio, nel caso di denaro di proprietà del soggetto stesso, il costo sarà il costo-opportunità, cioè il tasso al quale si sarebbe potuto far fruttare nel migliore dei modi alternativi il denaro.

[109] Per un approfondimento sul tema si veda A. DE MARCO, C. OGLIALORO, *"Analisi costi-benefici: Introduzione e concetti fondamentali"*, in S. MOMIGLIANO, F. NUTI (a cura di) *"La valutazione dei costi e dei benefici nell'analisi dell'impatto della regolamentazione"*, op. cit., p. 51 ss.

[110] Cfr. F. SARPI, *"L'applicazione dell'analisi costi-benefici nell'Air"*, in "Rivista trimestrale di Scienza dell'Amministrazione", op. cit., pp. 94-95.

condo alcuni, le generazioni future dovrebbero essere tutelate anche attraverso la scelta del tasso di sconto. Esso può essere un tasso nominale o un tasso reale (cioè al netto dell'inflazione). L'importante è che la scelta del tasso sia coerente con la misura dei costi e dei benefici: se questi sono espressi in termini reali, anche il tasso di sconto usato deve essere reale e viceversa. Infine, è necessario decidere se includere il fattore rischio nel tasso di sconto oppure se considerarlo separatamente o esplicitamente. Inoltre, al fine di evitare margini di incertezza che possono incidere sulla credibilità dell'AIR, sarebbe opportuno individuare un tasso di sconto sociale unitario da utilizzare per tutte le procedure AIR e che la scelta non sia rimessa all'analista, ma sia chiaramente esplicitata e motivata da chi detiene il potere politico. La determinazione del tasso di sconto sociale, infatti, non può prescindere da giudizi di valore anche molto rilevanti che non dovrebbero essere lasciati alla libera determinazione del singolo analista[111].

Una volta determinato il VAN per le varie opzioni regolative bisognerà scegliere quell'alternativa che presenta un valore più elevato e che produce, dunque, il benessere sociale maggiore. A tal fine occorre prendere in considerazione anche l'opzione zero, per la quale, ai fini dell'AIR è meglio intendere la cosiddetta opzione zero "formale", cioè la disciplina giuridica vigente piuttosto che l'opzione zero "materiale", cioè lo stato di fatto che concretamente si è prodotto nella real-

---

[111] R. PERNA, *"L'analisi economica della regolamentazione"*, in *"Mercato concorrenza regole"*, op. cit., pp. 78-79.

tà[112]. Nell'AIR, la valutazione dell'opzione zero è, imprescindibile, per decidere se vale la pena intraprendere o no un intervento regolativo. Inoltre, anche qualora l'adozione di una norma sembri necessaria, l'opzione zero deve essere comunque considerata poiché potrebbe già essere attuativa dell'obbligo, dato che la situazione di fatto può non coincidere con la prescrizione normativa. L'opzione nulla, prevedendo invece quegli accorgimenti necessari a rendere completamente applicata la normativa vigente, può risultare anche molto onerosa e parimenti ricca di benefici rispetto alla situazione attuale[113].

Peraltro, una volta calcolati i costi e benefici dell'opzione zero, i costi e benefici delle altre opzioni possono essere calcolati "per differenziali" rispetto ai primi. A tal fine bisogna essere pienamente certi che il differenziale sia applicato a voci perfettamente omogenee tra l'opzione zero e le altre.

Il VAN e il VANE producono un risultato sintetico, espresso da un singolo numero, che mostra se e di quanto i ricavi superano i costi. Naturalmente, esistono spesso ampi margini di incertezza sulla determinazione dei costi, dei ricavi e dei benefici, poiché in molte fasi dell'analisi costi-benefici è necessario formulare assunzioni operative. Errori su tale determinazione si traducono nella possibilità che il VAN non solo non sia preciso, ma sia anzi di segno algebrico oppo-

---

[112] Cfr. S. ARNEODO, F. BAGNASCO, L. SPAGNOLINI (a cura di), "*Relazione relativa al corso di formazione sull'AIR organizzato dal Formez*", Consiglio Regionale del Piemonte, Torino, 2002, in www.parlamentiregionali.it.

[113] Si pensi, ad esempio, a un'applicazione rigorosa delle leggi sul fumo in Italia: la loro applicazione effettiva comporterebbe dei costi di controllo sicuramente superiori a quelli attuali con un corrispondente migliore stato di salute della collettività.

sto a quello che si sarebbe ottenuto con errori minori o di natura diversa.

Per verificare la sensibilità del risultato finale dell'analisi costi-benefici alle assunzioni fatte durante lo svolgimento della stessa e fornire un'indicazione della robustezza dei risultati ottenuti è svolta "l'analisi di sensibilità"[114]. In altri termini, essa consiste nel costruire scenari alternativi ottenuti variando le principali ipotesi assunte durante l'analisi per misurare la sensibilità dei risultati a queste ipotesi. Di solito, le principali ipotesi utilizzate nella stima dell'analisi costi-benefici riguardano il livello dei prezzi, il tasso di sconto, gli effetti quantitativi dell'opzione regolatoria e i costi e benefici che verranno a determinarsi in futuro. Quando sono formulate assunzioni su un numero elevato di variabili, risulterebbe eccessivamente complesso verificare tutte le possibili combinazioni delle variazioni. In tal caso è fondamentale scegliere accuratamente gli indicatori suscettibili di maggiore incertezza e che possono avere il maggior impatto sui risultati. Inoltre, in questi casi può essere utile dare luogo a un'analisi parziale: si verifica in che modo il beneficio netto varia al variare di un'ipotesi per volta, mantenendo costanti tutte le altre[115].

Nell'AIR, l'analisi di sensibilità può essere condotta sia all'interno di una singola opzione che tra opzioni. Nel primo caso, un criterio

---

[114] Cfr. L. CAVALLO, *"L'impatto economico della regolamentazione"*, in *"Introduzione alla analisi di impatto della regolamentazione"*, op. cit., p. 22.
[115] A. DE MARCO, C. OGLIALORO, *"Analisi costi-benefici: Introduzione e concetti fondamentali"*, in S. MOMIGLIANO, F. NUTI (a cura di) *"La valutazione dei costi e dei benefici nell'analisi dell'impatto della regolamentazione"*, op. cit., pp. 45-46.

generale per decidere se accettare o no un certo grado di approssimazione di una stima dei dati è il seguente: se il segno del VAN e la misura non cambiano in maniera rilevante allora l'analisi si considera robusta e affidabile. In tale ipotesi, l'analisi di sensibilità serve anche a identificare il valore di soglia del dato stimato, al di sopra o al di sotto del quale non sarebbe conveniente intraprendere l'opzione[116]. Un ulteriore criterio da seguire è dato dallo slittamento temporale dei costi e dei benefici, per valutarne l'influenza nella determinazione del VAN. Nel caso in cui l'analisi, invece, è condotta tra opzioni, essa permette di individuare quelle ipotesi che modificano l'ordinamento di preferenza tra opzioni, espresso in termini di confronto fra benefici netti (VAN). Ciò permette di procedere all'eventuale miglioramento del grado di approssimazione del dato stimato[117].

Sebbene l'analisi di sensibilità sia un importante strumento per verificare la robustezza dei risultati, essa è costosa sia in termini di impegno sia di tempo, per cui non è raccomandabile estenderla a tutte le assunzioni. La necessità di sottoporre ad analisi di sensibilità un'assunzione è tanto maggiore quanto più elevata è l'incertezza relativa alla sua determinazione e alla sua rilevanza. Normalmente, nel caso dell'AIR l'analisi di sensibilità è applicata al valore del tasso sociale

---

[116] S. CERILLI, S. DANIELE (a cura di), *"La sperimentazione AIR nella regione Toscana: esiti e valutazioni"*, op. cit. Ad esempio, se il livello del tasso di sconto è troppo elevato, il valore attuale dei benefici netti dell'intervento può diventare troppo poco significativo per giustificare l'iniziativa.

[117] Cfr. REGIONE TOSCANA E MIPA, *"Analisi di impatto della regolamentazione"*, op. cit., p. 63.

di sconto e\o al valore attribuito ad alcuni benefici e costi la cui stima è molto incerta e aleatoria[118].

---

[118] F. SARPI, *"L'applicazione dell'analisi costi-benefici nell'Air"*, in "*Rivista trimestrale di Scienza dell'Amministrazione*", op. cit., p. 95.

CAPITOLO IV

Le alternative all'analisi costi-benefici

4.1. LE ALTERNATIVE ALL'ANALISI COSTI BENEFICI

L'analisi di impatto della regolamentazione non costituisce di per sé una metodologia unitaria di analisi delle politiche pubbliche ma piuttosto un'area all'interno della quale si collocano una serie di tecniche di valutazione assai differenti fra loro e con un grado di precisione e completezza assai variabile.

Sebbene all'apice di tale serie si collochi l'ACB, in alcuni casi potrà risultare opportuno l'utilizzo di tecniche diverse. Infatti, la completezza della metodologia ne rende in alcune circostanze problematica l'effettuazione sia perché talvolta è impossibile compiere una stima ragionevole di tutti i costi e i benefici derivanti da una determinata regolamentazione, sia perché l'effettuazione può risultare troppo onerosa. In questi casi potrebbe in concreto risultare opportuno utilizzare sistemi meno completi, ma maggiormente funzionali rispetto agli obiettivi conoscitivi che si intende raggiungere.

Le principali metodologie economiche di valutazione alternative all'ACB sono:

- ✓ L'analisi costi di conformità;
- ✓ L'analisi costo-efficacia (ACE);
- ✓ L'analisi del rischio;
- ✓ L'analisi rischio-rischio.

4.2. L'ANALISI DEI COSTI DI CONFORMITÀ

L'approccio dei costi di conformità (o *cost assessment*) è probabilmente quello più immediato e consiste nel considerare tutti i costi dell'intervento regolatorio che ricadono sulle imprese, sui cittadini, sui lavoratori e sulla pubblica amministrazione, trascurando i benefici[119]. Esso permette di verificare che i costi di un intervento non siano così elevati da rendere la sua realizzazione insostenibile o difficilmente accettabile dai soggetti destinatari.

Il vantaggio di questo metodo risiede sostanzialmente nella relativa semplicità di rilevazione e valutazione dei dati e nella capacità di dare un'indicazione completa del prezzo che la società dovrebbe pagare e, quindi, della fattibilità dell'intervento.

D'altra parte, il limite è costituito dalla parzialità dell'approccio che non consente di formare un quadro generale sull'impatto dell'intervento e non permette di verificare se il costo complessivo può essere giustificato o no dai benefici che ricadono sulla società e dall'eventuale disponibilità a pagare questi benefici da parte dei potenziali destinatari.

---

[119] Cfr. G. COCO, M. MARTELLI, F. SARPI, *"Strumenti per il miglioramento della regolazione e la semplificazione, l'analisi di impatto della regolamentazione nell'esperienza applicativa in Italia"*, in *"Astrid-Rassegna"*, op. cit., p. 53.

L'analisi dei costi di conformità presenta alcune varianti tra le quali assumono particolare rilevanza "l'analisi di impatto sulle imprese" e "l'analisi dell'impatto fiscale o di bilancio"[120].

4.3. L'ANALISI COSTO-EFFICACIA (ACE)

L'analisi costo-efficacia (o analisi della minimizzazione dei costi) è una tecnica ritenuta di più facile applicazione rispetto all'analisi costi-benefici, poiché consente di comparare opzioni alternative nel caso in cui i costi e i benefici sono difficilmente quantificabili in modo accurato. Essa permette di confrontare un certo numero di alternative sulla base dei loro costi e di una misura comune di efficacia che è quantificata ma non monetizzata. Può essere applicata, quando le opzioni regolative presentano gli stessi costi e quindi vanno confrontati solo i benefici, o quando i benefici sono uguali e devono essere minimizzati i costi.

L'analisi costo-efficacia viene in concreto realizzata tramite una serie di indicatori che hanno lo scopo di quantificare in che misura sono conseguiti gli obiettivi dell'intervento e quali sono gli effetti. Essi si distinguono in: indicatori di conseguimento che misurano il grado di raggiungimento dell'obiettivo e indicatori di effetto che individuano

---

[120] Per un approfondimento sul tema si veda L. CAVALLO, *"L'impatto economico della regolamentazione"*, in N. GRECO (a cura di) *"Introduzione alla analisi di impatto della regolamentazione"*, op. cit., pp. 11-12.

il grado di efficienza e\o di efficacia raggiunto[121]. In particolare, come indicatori di effetto è possibile utilizzare due diversi indici di costo-efficacia:

✓ L'indice di costo per unità di risultato che calcola il costo medio per unità di risultato e che si ottiene rapportando il costo C di ciascuna alternativa con i benefici (quantificati ma non monetizzati) relativi alla stessa.

$$CE_i = \frac{C_i}{E_i}$$

Il progetto che presenta il minor costo per unità di risultato dovrà essere preferito;

✓ L'indice di risultato per unità di costo che, per ciascuna alternativa *i*, rapporta i benefici con i relativi costi.

$$EC_i = \frac{E_i}{C_i}$$

In base a tale indice dovrà essere preferito il progetto che presenta un risultato per unità di costo maggiore.

L'ACE permette di confrontare opzioni alternative e di scartare quelle chiaramente più costose o meno fattibili con relativa semplicità. D'altra parte, essa non consente di verificare se il beneficio netto so-

---

[121] S. PACCHIAROTTI, *"L'analisi di impatto della regolazione: bisogni informativi e tecniche di analisi"*, in *"Rivista della Corte dei Conti"*, op.cit., p. 380.

ciale complessivo per l'alternativa prescelta è positivo, perché l'ACE prevede il confronto tra costi espressi in unità monetarie e benefici espressi in un'altra unità di misura. Inoltre essa confronta le diverse alternative con riferimento ad un unico beneficio, mentre ciascuna alternativa generalmente presenta più benefici.

Il limite principale di tale tecnica è però costituito dal fatto che, nella comparazione delle diverse opzioni, essa tiene conto esclusivamente di effetti di tipo quantitativo, trascurando quelli di tipo qualitativo (ad esempio il miglioramento della qualità della vita dei cittadini)[122].

Fra i metodi di valutazione economica l'analisi costo-efficacia è quella che è maggiormente impiegata nel settore sanitario. Ad esempio può essere opportunamente utilizzata nelle regulation che incidono sulla salute dei destinatari per scegliere l'alternativa meno costosa a parità di vite da salvare.

Tuttavia, questa soluzione appare efficace solo quando il budget, di cui il decisore pubblico dispone per gli investimenti a tutela della salute, è predeterminato e le opzioni di intervento considerate hanno come unico effetto il miglioramento della salute degli individui.

---

[122] A. M. LENARIO, M. NONIS, *"Analisi costo-efficacia"*, in *"Elementi di valutazione economica per i professionisti della salute"*, Il Pensiero Scientifico Editore, p. 39, in www.pensiero.it.

4.5. ANALISI DEL RISCHIO

L'analisi del rischio (o *risk assessment*) è una tecnica di applicazione più semplice rispetto all'ACB e all'ACE perché consiste nel focalizzare l'analisi sui rischi conseguenti a un determinato intervento di regolazione. Essa si caratterizza per la presenza di incertezza sulle possibili conseguenze dell'intervento.

Il rischio può essere definito come la possibile conseguenza di un intervento per la rispettiva probabilità di realizzazione. La sua misurazione richiede di procedere a una stima di queste conseguenze e del loro impatto sulla collettività in tre fasi successive. In primo luogo deve essere identificato il rischio dell'intervento costruendo possibili scenari alternativi delle sue conseguenze; in secondo luogo devono essere stimate le probabilità che i possibili scenari hanno di verificarsi; in terzo luogo deve essere valutato l'impatto del verificarsi del rischio previsto.

Il metodo della valutazione del rischio è uno di quelli più idonei a identificare una soglia minima che giustifica un intervento di regolazione. Inoltre, è un metodo utile per determinare il livello ottimale del rischio di regolazione giudicato sostenibile per la collettività. E' presente una vasta letteratura che sviluppa metodi rivolti alla determinazione del rischio accettabile. In particolare, è necessario analizzare la distribuzione delle preferenze e delle aspettative dei singoli individui o delle diverse tipologie di destinatari dell'intervento, e distinguere il rischio "reale" dell'intervento da quello "percepito".

La mancanza di ogni valutazione degli effetti diversi rispetto al rischio, derivanti dall'adozione della regolamentazione, rende tale metodologia di analisi assai incompleta. Tuttavia, questa tecnica di valutazione può risultare utile qualora venga impiegata per una valutazione comparativa del livello di efficienza di diverse regolazioni per la riduzione del rischio. Inoltre, è particolarmente utilizzata per quanto concerne le opzioni regolative riguardanti le politiche dell'ambiente, della salute e dei rischi sul lavoro.

4.6. L'ANALISI RISCHIO-RISCHIO

L'analisi rischio-rischio, rispetto all'analisi del rischio, permette di valutare non solo i rischi specifici dell'intervento ma anche il *trade-off* in termini di rischio, identificando anche i rischi indiretti che potrebbero avere effetti significativi sulla decisione finale. Infatti, un'analisi limitata ai soli effetti diretti di riduzione del rischio potrebbe risultare fuorviante giacché non considera che spesso la regolamentazione di una determinata attività induce a una modifica dei comportamenti soggettivi dalla quale possono derivare ulteriori rischi. Essa si presenta più laboriosa e impegnativa rispetto all'analisi del rischio, ma in alcuni casi specifici può dare informazioni indispensabili per indirizzare la scelta regolamentare. Tuttavia, così come l'analisi del rischio, essa non permette di considerare gli effetti diversi dalla riduzione dei rischi.

CONSIDERAZIONI CONCLUSIVE

Dal lavoro svolto è emerso come la corretta implementazione dell'AIR consentirebbe di valutare se, per risolvere un dato problema o per raggiungere un determinato obiettivo, un intervento normativo sia veramente indispensabile, ovvero se sia preferibile il ricorso a strumenti alternativi alla regolazione. Inoltre, laddove si ritenga necessario il ricorso alla regolazione, l'AIR consentirebbe di optare verso opzioni regolative meno gravose per i destinatari.

Certamente l'AIR non rappresenta una condizione sufficiente per formulare "buone" politiche pubbliche ma, come strumento empirico di supporto alla progettazione normativa, ha un ruolo importante nel rafforzamento della qualità delle leggi così come dimostrato dai risultati raggiunti da altri paesi, dove l'AIR è entrata nella prassi ordinaria seguita per la progettazione dei provvedimenti normativi.

Tuttavia, come abbiamo visto, sono molti anche gli aspetti problematici connessi all'implementazione dell'AIR.

In particolare, nella gran parte dei paesi OCSE che hanno adottato metodologie di analisi di impatto della regolamentazione, si tratta spesso di analisi condotte su base formale per adempiere obblighi solo procedurali, non rispondenti ai criteri dettati dall'OCSE e dall'UE e con risultati peraltro alquanto variabili.

L'Italia è stata tra i primi paesi in Europa a sperimentare questo strumento, sia pure prevedendone un'applicazione generale solamente per i provvedimenti del Governo. Tuttavia, allo stato attuale, l'AIR, piuttosto che uno strumento informativo di supporto decisionale, si riduce per lo più alla mera menzione dell'inesistenza o della ridotta entità dei costi da regolazione del provvedimento, configurandosi quindi come una giustificazione ex post di scelte già adottate. Inoltre, invece di procedere con l'implementazione dell'AIR, si è continuato a ridisegnare lo strumento rimandando continuamente il momento della sua effettiva attuazione.

La strada che porta verso un'AIR efficiente appare ancora lunga e piena di pericoli, richiedendo un periodo di alcuni anni per produrre risultati apprezzabili per la collettività e necessitando di un complesso percorso di "trial and error".

L'integrazione dell'AIR nel processo di elaborazione delle politiche pubbliche esige, inoltre, una notevole evoluzione della mentalità dei responsabili delle regolazioni, dei governi, dei gruppi di interesse e dei cittadini.

La necessità di operare questi cambiamenti culturali richiederebbe un sostegno politico costante e di alto livello che ne promuova l'applicazione, fornendo alle amministrazioni preposte competenze specifiche in materia economica e che aiuti a superare le inevitabili inerzie all'interno delle diverse strutture settoriali.

In tal senso sono auspicabili azioni concrete per il reclutamento e la formazione della professionalità "multidisciplinare" richiesta per i soggetti che predispongono materialmente l'AIR. Accanto a competenze giuridiche già presenti nelle nostre amministrazioni pubbliche, occorrerebbero esperti di economia, di statistica, di ingegneria gestionale, di contabilità e di politiche pubbliche nei principali settori.

D'altro canto bisognerebbe favorire il cambiamento di cultura tra chi già opera all'interno delle amministrazioni, nonché l'acquisizione di capacità di lavoro in gruppi integrati. Ciò esige un grosso investimento sul piano formativo tendente a favorire l'acquisizione di un alto livello di sensibilità nei confronti dell'AIR.

Per l'effettiva e corretta applicazione dell'AIR sarebbe, inoltre, opportuno accompagnare l'introduzione dell'AIR con misure che ne motivino lo svolgimento e l'utilizzazione. Infatti, nonostante l'obbligo di effettuazione dell'AIR, la sua applicazione potrebbe avvenire con scarso impegno e nella generale disattenzione.

Poiché l'AIR è uno strumento costoso, la predisposizione di definite soglie di obbligatorietà rappresenta un elemento fondamentale per la sostenibilità del sistema. In questo modo, riducendosi anche il numero di schede AIR, esse possono essere più approfondite e dettagliate.

L'AIR richiede sempre l'utilizzo di metodologie di analisi economica delle opzioni regolative alternative. Essendo uno strumento flessibile, l'analista preposto all'AIR può adattare e calibrare il grado di complessità e di dettaglio dell'analisi alle situazioni specifiche, tenendo conto anche delle disponibilità in termini di risorse, di tempo, di competenze e di fonti informative.

L'utilizzo di metodologie attente alla quantificazione e alla monetizzazione dei costi e dei benefici costituisce il vero elemento distintivo tra l'AIR e un semplice documento di accompagnamento della proposta di provvedimento. Se si interpreta l'AIR come uno strumento di supporto al "policy-maker", è consigliabile che essa fornisca indicazioni precise e il più possibile di tipo quantitativo.

Durante il lavoro svolto abbiamo esaminato alcune metodologie di valutazione economica delle opzioni regolative soffermandoci soprattutto sull'analisi costi-benefici. La scelta del modello analitico è funzionale all'obiettivo che si intende perseguire con la politica regolativa. Se un governo tende a massimizzare il benessere sociale, l'analisi costi-benefici sembra essere lo strumento più appropriato in quanto prende in considerazione tutti gli effetti positivi e negativi dell'intervento regolativo e li quantifica attribuendogli possibilmente una valutazione in termini monetari. D'altra parte se, ad esempio, un governo mira a ridurre gli oneri regolativi sostenuti dalle imprese, l'analisi dei costi di adeguamento può essere lo strumento analitico più adeguato.

Abbiamo visto come, tra le principali problematiche e motivazioni che frenano l'entrata a regime e il pieno sviluppo dell'AIR, spiccano quelle legate all'analisi economica e in particolare all'analisi costi-benefici.

Dal lavoro svolto è emerso che, sebbene questo aspetto appare ancora poco esplorato, nell'applicazione dell'ACB alla regolazione si accentuano una serie di difficoltà già rilevate per l'analisi dei progetti di investimento.

Innanzitutto, esiste una forte difficoltà tecnica ma anche culturale a ricondurre a un'analisi di tipo quantitativa valutazioni che riguardano aspetti sociali rilevanti come, ad esempio, il valore della vita umana. In secondo luogo, i dati per eseguire l'analisi sono spesso costosi, inesistenti o frammentari e, quindi, non omogenei. In terzo luogo, alcuni aspetti tecnici non sono di univoca e facile determinazione come, ad esempio, la scelta del tasso di sconto sociale e la valutazione dei costi e benefici intangibili.

Per questi motivi nei confronti dell'ACB si manifestano tuttora forti resistenze alla sua adozione, motivate anche dall'eccessiva complessità dello strumento rispetto alle competenze tecnico-professionali del personale amministrativo coinvolto nel procedimento stesso.

Nonostante le difficoltà che l'applicazione dell'ACB può comportare, appare però non razionale rinunciare a priori al contributo informativo di tale strumento perché è possibile superare tali difficoltà con opportuni affinamenti e correzioni. Ciò non toglie che, in presenza di circostanze specifiche, l'incertezza insita nelle valutazioni sia tale da impedire la scelta tra due provvedimenti alternativi in base ai soli elementi forniti dall'analisi costi-benefici.

In definitiva, la corretta implementazione dell'AIR, grazie anche all'ausilio di tecniche di analisi economica delle varie opzioni regolative, può senz'altro contribuire a rendere più semplice, chiara ed efficace l'attività regolatoria, permettendo al "policy maker" di decidere in maniera più informata e consapevole.

BIBLIOGRAFIA

ANGHINELLI STEFANIA, *"Semplificazione e analisi di impatto della regolamentazione: lo stato dell'arte"*, Progetto Semplificazione, Assolombarda, 2006.

ARCURI ALESSANDRA, VAN DEN BERGH ROGER, *"Metodologie di valutazione dell'impatto della regolamentazione: il ruolo dell'analisi costi-benefici"*, in *"Mercato concorrenza regole"*, n° 2, 2001, pp. 223-256.

ARNEODO SILVIA, BAGNASCO FERNANDO, SPAGNOLINI LAURA (a cura di), *"Relazione relativa al corso di formazione sull'AIR organizzato dal Formez"*, Consiglio Regionale del Piemonte, 2002, in www.parlamentiregionali.it.

BARAZZONI FIORENZA, LA ROSA ANTONIO, DE MAGISTRIS VALERIA (a cura di), *"L'Analisi di impatto della regolamentazione in dieci paesi dell'Unione Europea"*, Quaderni Formez, Roma, n° 32, 2005.

BASSANINI FRANCO, PAPERO SILVIA, TIBERI GIULIA, *"Qualità della regolazione: una risorsa per competere. Metodologie, tecniche e strumenti per la semplificazione burocratica e la qualità della regolazione"*, in L. TORCHIA e F. BASSANINI (a cura di) *"Sviluppo e declino. Il ruolo delle istituzioni per la competitività del paese"*, Passigli Editore, Firenze, 2005.

BONO SABRINA, *"Forme e qualità della regolazione"*, Giornata di studi, Bologna, 10 novembre 2004.

BRUCE NEIL, HARRIS RICHARD G., *"Analisi costi-benefici e principio della compensazione"*, in *"Calcolo economico e decisioni pubbliche. Prime proposte per un approccio di settore"*, Formez, Napoli, 1993.

CASALE GIUSEPPE, *"L'Air: la dimensione economico-finanziaria"*, in *"L'analisi di impatto della regolazione nel processo legislativo"*, Seminario di aggiornamento professionale, Senato della repubblica, Roma, settembre 2001, in web2003.senato.it.

CAVALLO LAURA, *"L'impatto economico della regolamentazione"*, in N. GRECO (a cura di) *"Introduzione alla analisi di impatto della regolamentazione"*, Edizioni Scuola Superiore della Pubblica Amministrazione, Roma, 2003.

CAVATORTO SABRINA, *"Metodi di consultazione nell'Air"*, in *"Rivista trimestrale di Scienza dell'Amministrazione"*, n° 1, 2002, pp. 137-155.

CAVATORTO SABRINA, LA SPINA ANTONIO (a cura di), *"La consultazione nell'analisi dell'impatto della regolazione"*, Rubbettino Editore, Soveria Mannelli (CZ), 2001.

CERILLI SIMONETTA, DANIELE SUSANNA (a cura di), *"La sperimentazione AIR nella regione Toscana: esiti e valutazioni"*, Giunta della regione Toscana, 2002, in www.parlamentiregionali.it.

COCO GIUSEPPE, MARTELLI MARIO, SARPI FRANCESCO, *"Strumenti per il miglioramento della regolazione e la semplificazione, l'analisi di impatto della regolamentazione nell'esperienza applicativa in Italia"*, in *"Astrid-Rassegna"*, n° 25, 2006, in www.astrid-online.it.

COMUNE DI LUCCA, MIPA, *"L'Analisi d'impatto della regolamentazione nel Comune di Lucca: evoluzione delle tecniche e consolidamento dell'esperienza"*, Lucca, 2005, in www.consorziomipa.it.

DE BENEDETTO MARIA, *"L'organizzazione della funzione di regolazione"*, in *"Studi parlamentari e di politica costituzionale"*, fasc. 149\150, 2005, pp. 73-96.

DE BENEDETTO MARIA, *"Un quasi-procedimento"*, in N. GRECO (a cura di) *"Introduzione all'analisi di impatto della regolamentazione"*, Edizioni Scuola Superiore della Pubblica Amministrazione, Roma, 2003, pp. 225-244.

DE FRANCESCO FRANCESCO, *"L'Air nel processo di riforma della regolazione"*, in *"Rivista trimestrale di Scienza dell'Amministrazione"*, n° 4, 2000, pp. 19-45.

DE MARCO ALESSANDRA, OGLIALORO CLAUDIA, *"Analisi costi-benefici: Introduzione e concetti fondamentali"*, in S. MOMIGLIANO, F. NUTI (a cura di), *"La valutazione dei costi e dei benefici nell'analisi dell'impatto della regolamentazione"*, Rubbettino Editore, Soveria Mannelli (CZ), 2001.

DELL'ACQUA CESARE, *"L'analisi di impatto della regolamentazione fra politica e amministrazione"*, in *"Il Filangieri"*, n° 1, 2004, pp. 53-68.

FRANCESCONI ALESSANDRA, *"Drafting, analisi di fattibilità, Air: verso la riforma della regolazione"*, in *"Rivista trimestrale di Scienza dell'Amministrazione"*, n° 4, 2000, pp. 79-95.

FRANCESCONI ALESSANDRA, *"Note sull'analisi di impatto della regolazione e i Consigli regionali"*, in *"Le istituzioni del federalismo"*, n° 6, 2002, pp. 991-1000.

FURIA DONATELLA, *"Valutazione dei beni culturali: un inquadramento introduttivo"*, in *"Global & Local economic review"*, n° 1, 2001.

GRASSI ENZO, *"La sperimentazione AIR nella regione Toscana: esiti e prime valutazioni"*, in convegno *"qualità delle norme e analisi dell'impatto della regolazione"*, Forum Pubblica Amministrazione, Roma, 9 maggio 2002.

GRECO NICOLA, *"Elementi definitori, problematici ed evolutivi"*, in *"Introduzione alla analisi di impatto della regolamentazione"*, Edizioni Scuola Superiore della Pubblica Amministrazione, Roma, 2003.

GRECO NICOLA, *"Consistenza, articolazione ed ambiguità della regolazione"*, in *"Studi parlamentari e di politica costituzionale"*, fasc. 145-146, 2004, pp. 7-42.

HARBERGER ARNOLD G., *"L'uso dei pesi distributivi nell'analisi costi-benefici"*, in *"Analisi costi-benefici, questioni di metodo e problemi applicativi"*, Formez, Napoli, 1993.

IELO DOMENICO, *"L'Analisi di impatto della regolazione"*, in *"Amministrare"*, n° 2, 2005, pp. 289-321.

JACOBS SCOTT, *"An overview of regulatory impact analysis in OECD countries"*, in "OECD *Regulatory Impact Analysis: Best Practices in OECD* Countries", Pubblicazioni OCSE, Parigi, 1997.

LA SPINA ANTONIO, intervento al convegno *"La valutazione dell'impatto della regolazione e lo strumento della consultazione"*, Forum Pubblica Amministrazione, Roma, 2000, in www.forumpa.it.

LA SPINA ANTONIO, *"Componenti e iter dell'AIR"*, in *"L'analisi di impatto della regolazione nel processo legislativo"*, Seminario di aggiornamento professionale, Senato della Repubblica, Roma, settembre 2001, in web2003.senato.it.

LENARIO ANTONIO M., NONIS MARINO, *"Analisi costo-efficacia"*, in *"Elementi di valutazione economica per i professionisti della salute"*, Il Pensiero Scientifico Editore, in www.pensiero.it.

LUPO NICOLA, *"Commento alla direttiva P.C.M. 21 settembre del 2001"*, in *"Giornale di Diritto Amministrativo"*, n° 1, 2002, pp. 13-16.

MANDELKERN DIEUDONNE', *"Final Report"*, Bruxelles, 13 novembre, 2001.

MARTELLI MARIO, *"Specificità dell'analisi economica della regolazione"*, in N. GRECO (a cura di) *"Introduzione alla analisi di impatto della regolamentazione"*, Edizioni Scuola Superiore Pubblica Amministrazione, Roma, 2003.

MELI GIUSEPPINA, SAROGLIA PATRIZIA, *"La sperimentazione dell'analisi di impatto della regolamentazione nell'esperienza piemontese"*, Working paper, Laboratorio di politiche, Libreria stampatori, Torino, 2005.

MOMIGLIANO SANDRO, *"Introduzione"*, in *"La valutazione dei costi e dei benefici nell'analisi dell'impatto della regolamentazione"*, Rubbettino Editore, Soveria Mannelli (CZ), 2001.

MORESCHINI LUCA, *"Metodi di valutazione economica di beni pubblici culturali"*, Working Paper, Università di Torino, Dipartimento di Economia, n° 1, 2003, in www.eblacenter.unito.it.

MORFUNI ELEONORA, *"L'introduzione dell'Air in Italia: la prima fase di sperimentazione"*, in *"Giornale di diritto amministrativo"*, n° 7, 2002, pp. 729-734.

NATALINI ALESSANDRO, *"La sperimentazione dell'Air a livello statale"*, in *"Rivista di Scienza dell'Amministrazione"*, n° 4, 2000, pp. 109-118.

NUTI FABIO, *"L'analisi costi-benefici"*, Il Mulino, Bologna, 1987.

PACCHIAROTTI SERGIO, *"L'analisi di impatto della regolazione: bisogni informativi e tecniche di analisi"*, in *"Rivista della Corte dei Conti"*, n° 5, 2001, pp. 367-384.

PIACENTINO DIEGO, *"L'AIR, l'ACB e i processi di decisione pubblica: tre aspetti critici"*, in S. MOMIGLIANO, F. NUTI (a cura di), *"La valutazione dei costi e dei benefici nell'analisi dell'impatto della regolamentazione"*, Rubbettino Editore, Soveria Mannelli (CZ), 2001.

PERNA RAFFAELE, *"Alla ricerca della regulation economicamente perfetta"*, in *"Mercato concorrenza regole"*, n° 1, 2003, pp. 49-84.

PONTAROLLO ENZO, SOLIMENE LAURA, *"Regolamentazione e interferenze politiche: l'alibi della politica industriale"*, in *"L'industria"*, n° 2, 2006, pp. 283-304.

NUCLEO PER LA SEMPLIFICAZIONE, DAGL, *"Guida alla sperimentazione dell'analisi dell'impatto della regolazione"*, Circolare 16 gennaio 2001, n° 1.

RADAELLI CLAUDIO (a cura di) *"L'analisi di impatto della regolazione in prospettiva comparata"*, Rubbettino Editore, Soveria Mannelli (CZ), 2001.

RANGONE NICOLETTA, *"Regolazione, regolamentazione, impatto ed analisi"*, in N. GRECO (a cura di) *"Introduzione alla analisi di impatto della regolamentazione"*, Edizioni Scuola Superiore della Pubblica Amministrazione, Roma, 2003.

REGIONE TOSCANA, MIPA, *"Analisi di impatto della regolamentazione"*, Manuale di pratiche, Roma, 2005, in www.consorziomipa.it.

RENDA ANDREA, *"Qualcosa di nuovo nell'AIR? Riflessioni al margine del dibattito internazionale sulla better regulation"*, in *"L'industria"*, n° 2, 2006, pp. 331-364.

SARPI FRANCESCO, *"L'applicazione dell'analisi costi-benefici nell'Air"*, in *"Rivista trimestrale di Scienza dell'Amministrazione"*, n° 1, 2002, pp. 87-116.

SARPI FRANCESCO, *"Criteri di valutazione di alcuni beni non scambiati sul mercato"*, in S. MOMIGLIANO, F. NUTI (a cura di), *"La valutazione dei costi e dei benefici nell'analisi dell'impatto della regolamentazione"*, Rubbettino Editore, Soveria Mannelli (CZ), 2001.

SAVINI GIOVANNI, *"Tra uffici, referenti ed esperti"*, in N. GRECO *"Introduzione alla analisi di impatto della regolamentazione"*, Edizioni Scuola Superiore Pubblica Amministrazione, Roma, 2003.

SAVINI GIOVANNI, *"La l. 246\2005 – legge di semplificazione per il 2005: prime considerazioni"*, in *"Amministrazione in cammino"*, Roma, 19 dicembre 2005, in www.amministrazioneincammino.it.

SAVINI GIOVANNI, *"L'analisi di impatto della regolamentazione nella nuova direttiva del presidente del consiglio dei ministri del 21 settembre 2001"*, in *"Amministrazione in cammino"*, 2002, in www.amministrazioneincammino.it.

SICLARI DOMENICO, *"L'analisi di impatto della regolamentazione nel diritto pubblico: premesse introduttive"*, in *"Il foro italiano"*, n° 2, 2002, pp. 45-55.

SILVESTRO CIRO, *"Leggi di semplificazione e nuove forme di consultazione nei processi di regolazione"*, in *"Rivista trimestrale di Scienza dell'Amministrazione"*, n° 1, 2002, pp. 117-135.

TERMINI VALERIA, *"Il contesto della scienza economica"*, in N. GRECO (a cura di) *"Introduzione alla analisi di impatto della regolamentazione"*, Edizioni Scuola Superiore della Pubblica Amministrazione, Roma, 2003.

ZERBE RICHARD O. JR, *"Ethical benefit-cost analysis"*, Seattle, 2007, in http://works.bepress.com/richard_zerbe/3.

SITOGRAFIA

AMMINISTRAZIONE IN CAMMINO, www.amministrazioneincammino.it

ASSOLOMBARDA, www.assolombarda.it

ASSOCIAZIONE PER GLI STUDI E LE RICERCHE SULLA RIFORMA DELLE ISTITUZIONI DEMOCRATICHE E SULL'INNOVAZIONE NELLE AMMINISTRAZIONI PUBBLICHE, www.astrid-online.it

CAMERA DI COMMERCIO DI MILANO, www.mi.camcom.it

CENTRO DI FORMAZIONE STUDI FORMEZ, www.formez.it

EBLA CENTER (CENTRO INTERNAZIONALE PER LA RICERCA IN ECONOMIA DEI BENI CULTURALI, DELLA LEGGE E DELLE ATTIVITÀ RICREATIVE), UNIVERSITÀ DI TORINO,
www.eblacenter.unito.it

COMMISSIONE EUROPEA, http://ec.europa.eu

CONFERENZA DEI PRESIDENTI DELLE ASSEMBLEE LEGISLATIVE DELLE REGIONI E DELLE PROVINCE AUTONOME,
www.parlamentiregionali.it

CONSORZIO PER LA RICERCA E L'EDUCAZIONE PERMANENTE,
www.corep.it

CONSORZIO PER LO SVILUPPO DELLE METODOLOGIE E DELLE INNOVAZIONI NELLE PUBBLICHE AMMINISTRAZIONI,
www.consorziomipa.it

FORUM PUBBLICA AMMINISTRAZIONE, www.forumpa.it

GLOBAL & LOCAL ECONOMIC REVIEW, www.gler.it

IL PENSIERO SCIENTIFICO EDITORE, www.pensiero.it

ORGANIZZAZIONE PER LO SVILUPPO E LA COOPERAZIONE ECONOMICA (OECD), www.oecd.org

PROGETTO SEMPLIFICAZIONE, www.semplificazione.it

REGIONE ABRUZZO, www.regione.abruzzo.it

REGIONE EMILIA ROMAGNA, www.regione.emilia-romagna.it

Regione Lazio, www.regione.lazio.it

Scuola superiore della pubblica amministrazione, www.sspa.it

Sito Ufficiale di Franco Bassanini, www.bassanini.eu

Senato della Repubblica, www.senato.it

© **Antonino Magrì**
Lo scambio di informazioni nel settore assicurativo
Lulu Press Inc. – Catania 2016

ISBN 978-1-326-59254-7

Finito di stampare nel mese di Marzo 2016 da:
Lulu Press Inc. - Raleigh (U.S.A.)

www.ingramcontent.com/pod-product-compliance
Lightning Source LLC
Chambersburg PA
CBHW072222170526
45158CB00002BA/710